Emotionale Intelligenz

erfolgreich & glücklich durch das Leben

Sorgen Sie für ein hochwertiges Leben voller Emotionen. Mit hohem EQ die Resilienz steigern, Stress bewältigen & Gelassenheit lernen

ANNA-LENA KUEHL

INHALTSVERZEICHNIS

EIN LEBEN VOLLER EMOTIONEN

Liebe, Wut, Angst, Trauer, Überraschung, Freude, Ekel – all diese Gemütserregungen, und viele mehr, gehören in das Repertoire der Emotionen, die ein Mensch Tag für Tag erlebt. Emotionen entscheiden maßgeblich, wie wir handeln und spontan mit Situationen umgehen. In vielen Fällen beeinflussen Emotionen unsere Entscheidungen so sehr, dass sie für uns sinnvoller entscheiden als die eigentliche, logische Alternative. Sie kennen bestimmt die Aussage „Herz über Kopf". Diese beschreibt schlussendlich ganz genau, wie der Mensch in seinem Alltag von Emotionen gesteuert wird: Eigentlich ist die Idee nicht sonderlich klug, einen Kaffee mit dem Ex-Partner zu trinken,, und dennoch entscheidet letztendlich das Herz, dass es vielleicht einen Versuch wert sein könnte. Eigentlich ist das Kind sich sicher, dass keine Monster unter dem Bett sein können, doch die Emotion „Angst" bleibt so lange bestehen, bis die Eltern geprüft haben, dass weder Monster noch andere Wesen unter der Matratze leben. Emotionen können uns das Leben erleichtern und dieses sogar retten: Wer bei schlechter Sicht auf der Autofahrt ein mulmiges Gefühl bekommt, der fährt in der Regel vorsichtiger – die Angst vor einem Unfall hilft uns dabei, diesen zu verhindern. In einigen Fällen sorgen Emotionen sogar für ein altruistisches Verhalten: Eine Mutter, die ihr Kind aus einem reißenden Fluss rettet und durch diese Handlung Schaden nimmt, handelt aus purer altruistischer Liebe – ohne Rücksicht auf Verluste. Die logische Reaktion in solchen Fällen wäre selbstverständlich, sich selbst zu schützen und der Gefahrenquelle fernzubleiben, doch insbesondere Menschen, die selbst Kinder haben, können nachvollziehen, was es bedeutet, von seinen Emotionen übermannt zu werden und alles logische Denken für einen kurzen Moment zu verbannen.

Der Mensch verfügte schon immer über Emotionen. Selbst während der schnellen Entwicklung unserer Zivilisation haben sich unsere Emotionen kaum verändert und bestimmen auch heute noch, wie wir unser Leben führen. Genau genommen können unsere Emotionen und das Verständnis der eigenen und der Emotionen unserer Mitmenschen unser Leben sogar positiv beeinflussen und bereichern. Dabei hat nicht jeder Mensch das gleiche Verständnis und das gleiche Fingerspitzengefühl, was die eigenen und fremden Emotionen angeht. Dieses Bewusstsein und Verständnis wird „emotionale Intelligenz" (kurz: EQ) genannt und ähnlich der kognitiven und akademischen Intelligenz, also dem IQ, kann die emotionale Intelligenz von Mensch zu Mensch unterschiedlich stark ausgeprägt sein. Im Gegensatz zum IQ jedoch, welcher sich kaum verändern lässt, können Sie Ihre emotionale Intelligenz stärken und verbessern. Ein Bewusstsein über die eigene emotionale Intelligenz und die Emotionen anderer ist dabei der erste Ansatzpunkt. Dieser Ratgeber nimmt Sie an die Hand und erklärt Ihnen ausführlich, was genau die emotionale Intelligenz ist, was sie beinhaltet und wie sie gestärkt werden kann. Testen Sie, wie hoch Ihre eigene emotionale Intelligenz ist, und lernen Sie die Vorteile eines hohen EQs kennen.

Der US-amerikanische Lyriker Mattie Stepanek drückte die Wichtigkeit unserer Emotionen mit folgendem Satz sehr treffend aus: „Seine Gefühle auszudrücken und mit anderen zu teilen ist eine echte Gabe.“

EMOTIONEN UND IHRE AUSWIRKUNGEN

Unsere Emotionen beeinflussen nämlich unser Verhalten im Alltag ebenso wie in Krisen- oder Gefahrensituationen. Voller Nervosität wartet beispielsweise der Schüler darauf, dass die Prüfung beginnt. Der Puls erhöht sich und die Hände fangen an zu zittern und zu schwitzen. Ist ein Mensch überrascht, sieht man dies schnell in seiner Mimik: Die Augen sind aufgerissen, die Augenbrauen nach oben gezogen und der Mund steht in einem Stummen „Oh" offen. Ein Erklärungsansatz dafür, wieso so gut wie jeder menschliche Körper mit ähnlichen Symptomen auf Emotionen wie Nervosität, Stress oder Überraschung reagiert, ist die Evolution. ebensoTatsächlich konnten Forscher sogar festlegen, mit welchen Reaktionen der Körper auf bestimmte Emotionen reagiert:[1]

Wut: Diese Emotion sorgt dafür, dass unser Puls sich erhöht und Hormone wie Adrenalin ausgeschüttet werden. Dadurch ist der Mensch konzentrierter und energetischer. Es fließt außerdem mehr Blut in die Hände, wodurch das Halten von

---

1 Levenson, Robert W., Paul Ekman und Wallace V. Friesen: *Voluntary Facial Action Generates Emotion-Specific Autonomous Nervous System Activity*. Psychophysiology, 27, 1990.

Waffen oder Ähnlichem erleichtert wird, was einen Vorteil in Streit- oder Selbstverteidigungssituationen darstellt.

Angst: Wenn ein Mensch Angst empfindet, fließt das Blut vorwiegend in die Beine. So ist eine schnellere Flucht vor der Gefahrenquelle gewährleistet. Dadurch, dass das Blut in die Beine fließt, haben wir das Gefühl eines kalten Schocks und das Gesicht verliert an Farbe. Dieser kurze kalte Schock fühlt sich nicht nur erschreckend an, er sorgt außerdem für eine kleine Flut an Hormonen, die unseren Körper in Alarmbereitschaft versetzen.

Trauer: Obwohl wir oftmals gerne auf Trauer verzichten würden, hat diese Emotion doch eine bedeutende Funktion für unseren Körper. Wenn ein Mensch trauert, weil zum Beispiel ein naher Verwandter gestorben ist, dann sorgt Trauer im Körper tatsächlich kurz für Energie und neuen Enthusiasmus. Hierbei handelt es sich um einen Selbstschutzmechanismus, denn dadurch lassen wir uns leichter von anderen Annehmlichkeiten ablenken. Breitet sich die Trauer jedoch in Depressionen aus, verlangsamt sich der Metabolismus des Körpers, wodurch der Mensch die Möglichkeit bekommt, seine Trauer auszuleben und zu verarbeiten.

Freude: Wenn ein Mensch Freude empfindet, wird die Aktivität im Zentrum des Gehirns gesteigert. Dadurch werden negative Gefühle gehemmt und die Energiezufuhr gestärkt.

Liebe: Wer Liebe empfindet, der empfindet auch körperlich das Gegenteil von Wut und Angst. Der gesamte Körper erfährt eine Entspannung und Ruhe, was eine Kooperation mit anderen ermöglicht und erleichtert.

Selbstverständlich werden unsere Emotionen ebenfalls von unserer Kultur und von unserer eigenen Geschichte beeinflusst. Vor allem das Thema „Tod“ wird in den unterschiedlichen Kulturen mit sehr verschiedenen Emotionen in Verbindung gebracht. Während eine Beerdigung in westlichen Kulturen oftmals mit Trauer im Zusammenhang steht und eine ruhige und bedrückende Veranstaltung sein kann, wird der Tod von Menschen in Ländern wie Ghana teilweise tagelang gefeiert. Eine Beerdigung in Ghana ist somit manchmal teurer als eine Hochzeit, denn die Angehörigen eines verstorbenen Menschen feiern, dass dieser das Tor zum ewigen Leben erreicht hat.

Emotionen werden von uns im Kindesalter teilweise sogar erlernt.[2] Es wird davon ausgegangen, dass der Mensch von Geburt an über drei Basisemotionen verfügt: Wut, Trauer und Liebe. Alle anderen Emotionen werden „sekundäre“ Emotionen genannt und von uns Menschen durch Konditionierung erlernt. Dies geschieht weitestgehend im Kindesalter. Ein Kleinkind lernt zu Beginn seines Lebens überwiegend von den Eltern, was es heißt, Emotionen zu empfinden und diese so auszuleben, dass sie in der Gesellschaft akzeptiert werden. Demnach lässt sich schnell herleiten, dass ein Großteil unserer sekundären Emotionen und unsere Art des Auslebens dieser Emotionen von unseren nächsten Bezugspersonen im Kindesalter definiert und geformt wurden. Im Laufe des Lebens hat ein Mensch selbstverständlich immer mehr Berührungspunkte mit anderen Menschen und ihren Emotionen und entwickelt sich dementsprechend weiter. Tatsächlich können Emotionen sogar umgepolt werden. Ein sehr aktuelles Beispiel hierfür sind ein syrischer Vater

---

2 Fuß, Stefan: *Familie, Emotionen und Schulleistung*, Waxmann Verlag, 2006.

und seine kleine Tochter, die herzhaft lachen, sobald sie die Explosion einer Bombe in dem Krisengebiet hören, in dem sie leben. Während es offensichtlich ist, dass der erwachsene Vater seine Fröhlichkeit und sein Lachen erzwingt, lacht die etwa dreijährige Tochter aus vollem Herzen. Ihr Vater brachte ihr bei, dass die Explosion der Bomben nicht etwa Zerstörung mit sich bringt, sondern etwas Lustiges ist. Somit hat er die Emotion „Angst“ seiner Tochter in Freude umgewandelt, zumindest in Verbindung mit der Explosion von Bomben.[3]

Während negative Emotionen heutzutage oftmals als nervig oder unerwünscht empfunden werden – wer ist schon gerne vor einem Jobinterview nervös oder mag es, Angst im Dunkeln zu haben –, hatten sie im Verlauf der Jahrhunderte eine überaus wichtige Funktion für die Erhaltung unseres Lebens. All unsere Emotionen und die Auswirkungen, die sie auf unseren Körper haben, haben dazu beigetragen, dass der Mensch in Gefahrensituationen schneller flüchten konnte oder in Streitsituationen die Oberhand gewann. Selbst wenn unsere Emotionen im heutigen Zeitalter nicht mehr unbedingt überlebensnotwendig sind und wir oftmals lieber nur positive Emotionen wie Liebe und Freude empfinden würden, erfüllen ebenfalls die unangenehmen Emotionen ihren Zweck und bereichern unser Leben. Wichtig ist es jedoch, unsere Emotionen zu erkennen und zu verstehen.

---

3 Jäschke, Martin (02/2020): *Lachen gegen Bomben.* Abgerufen am 01.09.2020. https://www.spiegel.de/panorama/idlib-syrischer-vater-lacht-mit-tochter-ueber-bomben-a-a54fb0ef-4201-4f85-92d6-f3e40230cf53

VON EMOTIONEN ZU EMOTIONALER INTELLIGENZ

Was ist nun genau emotionale Intelligenz und steht sie in einem Zusammenhang mit dem IQ, also der kognitiven Intelligenz? Tatsächlich klingen die Abkürzungen „EQ" und „IQ" sehr ähnlich, jedoch lassen sich keine Zusammenhänge zwischen beiden Intelligenzformen finden. Das bedeutet, dass Menschen mit einem besonders hohen IQ nicht automatisch gleichermaßen emotional intelligent sind. Ein extremes Beispiel für den fehlenden Zusammenhang von IQ und EQ stellen unter anderem Serienmörder dar. Die FBI-Akademie in Quantico (Virginia, USA) versuchte, mit einem Programm die Charakterzüge von Serienmördern in einer Statistik zu erfassen und offenzulegen. Das Ergebnis dieser Studie war, dass 80 Prozent aller befragten Serienmörder einen überdurchschnittlich hohen IQ, teilweise sogar einen IQ von 140, aufwiesen. Trotz dieser hohen kognitiven Intelligenz hat es ein Großteil der befragten Serienmörder nicht geschafft, einen Schulabschluss zu erlangen oder dauerhaft in einer festen Anstellung zu arbeiten.[4] Die Vermutung, dass die

---

[4] Der Spiegel (07/1990): *Serienmörder: Fleischwolf im Zimmer.* Abgerufen am 02.09.2020. https://www.spiegel.de/spiegel/print/d-13502617.html

Befragten eine niedrige emotionale Intelligenz besitzen und dementsprechend ihre Emotionen nur schlecht selbst regulieren können sowie ein niedriges Empathie-Empfinden haben, liegt also nahe. Natürlich spielen viele unterschiedliche Faktoren in die Entwicklung der emotionalen Intelligenz mit ein, jedoch lässt sich an dem Beispiel der Serienmörder schnell erkennen, dass eine hohe kognitive Intelligenz nichts zu tun hat mit dem Wert der emotionalen Intelligenz.

Unser menschliches Verhalten wird nicht nur von unserem Verstand gesteuert, sondern auch durch unsere Gefühle angetrieben. Die emotionale Intelligenz spielt dabei eine nicht unwesentliche Rolle. Sie umschreibt die Fähigkeit eines Menschen, die eigenen Emotionen und Gefühle sowie die Gefühle anderer zu erkennen und sogar zu beeinflussen. Insgesamt gibt es fünf Kompetenzen, die die emotionale Intelligenz ausmachen:

Die emotionale Selbstwahrnehmung: Jeder Mensch nimmt seine eigenen Gefühle unterschiedlich stark und aufmerksam wahr. Um emotional intelligent zu sein, genügt es jedoch nicht, seine Gefühle nur wahrzunehmen und zu erkennen. Stattdessen spielt die Wahrnehmung der eigenen Gedanken und Urteile, die unbewusst als Reaktion auf das jeweilige Gefühl entstehen, eine große Rolle. Eine starke emotionale Selbstwahrnehmung bedeutet schlussendlich also nichts anderes als das Beobachten und Analysieren der eigenen Emotionen. Sie bildet außerdem den Grundstein für die emotionale Intelligenz, denn auf ihr bauen alle weiteren Kompetenzen auf.

Die emotionale Selbstregulation: Waren Sie schon einmal so richtig sauer auf eine Situation oder eine Person? Wie lange hat dieser Zustand bei Ihnen angehalten? Benötigen Sie mehrere Tage, bis sie wieder mit friedvollen Gedanken über das Problem nachdenken können, oder finden Sie schnell wieder die Kontrolle über Ihr Temperament? Die Fähigkeit, eigene – unschöne – Gefühle zu lindern und in andere Gefühle umzuwandeln, wird „emotionale Selbstregulation" genannt. Dies bedeutet nicht, dass Menschen mit einer hohen emotionalen Intelligenz niemals von unangenehmen Emotionen befallen werden. Es bedeutet aber, dass ebensolche Menschen nicht lange in Wut, Trauer oder Sorgen verweilen und die als negativ empfundenen Emotionen nicht eskalieren lassen. Letztlich hat jeder Mensch selbst die Wahl, ob er einen beginnenden Wutanfall ausarten lassen möchte oder zu einer sachlichen Diskussion zurückkehrt. Er kann ebenso entscheiden, ob er immer tiefer in die Emotion „Trauer" einsinkt oder diese durch Ablenkung, Abschottung oder Ähnliches unter Kontrolle bringt.

Die Eigenmotivation und der Belohnungsaufschub: Während negative Emotionen wie Wut oder Angst die Leistung unseres Verstands beeinträchtigen und mindern können, können positive Emotionen wie Enthusiasmus oder Begeisterung uns akademisch oder beruflich nach vorne bringen. Selbst die eigentlich negative Emotion „Sorge" kann im gewissen Maße dazu beitragen, uns zu motivieren. Die Fähigkeit, Impulse zu kontrollieren, auf Belohnungen zu warten und auf diese hinzuarbeiten, sorgen außerdem für eine Art selbstvergessenes und intrinsisch motiviertes Tun. Ein einfaches Beispiel: Ein Student setzt sich an seinen Schreibtisch, um seine Bachelorarbeit zu schreiben. Anstatt alle paar Minuten den Impulsen nachzugehen, sich einen Kaffee zu kochen, eine kurze Pause einzulegen oder fünf

Minuten lang aufs Handy zu schauen, arbeitet der Student so lange, bis er sein Tagesziel erreicht hat. Er entwickelt eine Art „Workflow", wodurch ihm das Schreiben der Arbeit ohne Unterbrechungen leicht von der Hand geht. Erst nachdem das Ziel erreicht ist, genießt er seine Belohnung und ist stolz darauf, standhaft und motiviert gearbeitet zu haben. Natürlich spielen hierbei die Emotionen Optimismus und Hoffnung eine große Rolle und steigern das Selbstvertrauen. Dieses Beispiel bedeutet selbstverständlich nicht, dass es schlecht ist, sich während der Arbeit einen Kaffee zu kochen oder eine Pause einzulegen. Es wirkt sich jedoch negativ auf Ihren Erfolg aus, wenn Sie durch ebendiese Ablenkungen, Pausen und kurzzeitigen Belohnungen Ihre Arbeit nicht vollständig verrichten und im Anschluss unzufrieden sind. Die Fähigkeit, sich selbst zu motivieren und Belohnungen aufzuschieben, spielt also eine große Rolle in der Entwicklung Ihres Erfolgs und dem Erreichen Ihrer Ziele.

Die Empathie: Sie ist laut dem US-amerikanischen Psychologen Martin Hoffman der Ausgangspunkt für die Entwicklung von Moral und Altruismus: die Empathie.[5] Dieser Begriff beschreibt die Fähigkeit, die Gefühle anderer Menschen wahrzunehmen und nachvollziehen zu können, ohne dass die andere Person verbal über ihre Gefühle geredet hat . Der Mensch zeigt bereits als Säugling empathisches Verhalten, jedoch kann das Empathie-Empfinden sich im Laufe des Lebens unterschiedlich stark entwickeln. Wer empathisch ist, der kämpft in der Regel nicht mit seinen eigenen Gefühlen, empfindet Ruhe und ist ausgeglichen, kontaktfreudig und

---

[5] Hoffman, Martin L. (2000): *Empathy and Moral Development: Implications for Caring and Justice.* Cambridge: Cambridge University Press.

beliebt. Erneut steht das Empathie-Empfinden nicht mit der kognitiven Intelligenz eines Menschen in Zusammenhang.

Die soziale/interpersonale Kompetenz: Die soziale Kompetenz eines Menschen drückt sich durch die Fähigkeit aus, die Gefühle anderer zu verstehen und zu deuten und diese Menschen mit den eigenen Gefühlen wie Wohlbefinden, Zuversicht, Freude oder Begeisterung anzustecken. Der Grundstein dafür ist das Verstehen und die Handhabung der eigenen Gefühle sowie die Empathiefähigkeit, also das Umgehen mit den Emotionen der anderen. Wer eine gewisse Selbstkontrolle beherrscht und die Fähigkeit besitzt, die eigenen Gefühle so zu äußern, dass sie für andere verständlich und nachvollziehbar sind, kann sich schneller in eine Gruppe integrieren und findet eine Basis für Kommunikation. Menschen hingegen, die nonverbale Signale nicht immer deuten können oder ihre eigenen Emotionen nicht so ausdrücken können, dass ihr Umfeld diese versteht, leiden häufig unter zwischenmenschlichen Problemen. Die interpersonale Kompetenz mag für einige zunächst sehr abstrakt wirken, doch mit einem kleinen Beispiel lässt sich gut verstehen, was gemeint ist: Sie kennen bestimmt die Aussage, dass Lachen ansteckend sei. Befindet sich nun eine Person in einer Gruppe von Menschen, die gute Laune haben und eine lustige Zeit miteinander erleben, dann kann ein lautes Lachen dieser Person über einen Vorfall oder einen einfachen Witz für eine Kettenreaktion und ein Anstecken mit diesem Lachen sorgen. Befindet sich besagte Person jedoch in einer Gruppe, die gerade unter Stress steht, weil ein großes Projekt auf der Arbeit ansteht, oder die von anderen negativen Emotionen wie Trauer oder Wut beeinflusst ist, könnte ein solches herzhaftes Lachen eher verstörend und abstoßend wirken.

Anstatt die Situation richtig zu deuten und die Emotionen der anderen Menschen in der Gruppe zu verstehen, sieht es so aus, als wollte die lachende Person zu viel Aufmerksamkeit für sich beanspruchen und als würde sie sich nicht für die negativen Gefühle der anderen interessieren. Menschen, die eine geringe soziale Kompetenz besitzen, werden somit schnell als eigenartig, egoistisch oder ignorant angesehen und haben Schwierigkeiten, sich in Gruppen zu integrieren und mit Menschen auf alltäglicher Basis zu interagieren. Darüber hinaus gibt es sogenannte „soziale Chamäleons". Diese Menschen besitzen die Fähigkeit, die Emotionen ihres Umfelds zu erkennen, auf diese zu reagieren und sie zu manipulieren, jedoch fehlt ihnen die Balance mit ihren eigenen Emotionen. Dadurch wirkt das Verhalten solcher Menschen nicht authentisch und oftmals wie ein Schauspiel oder eine bewusste Manipulation.

EMOTIONALE INTELLIGENZ – GANZ PRAKTISCH

Wer meint, dass eine hohe kognitive oder akademische Intelligenz genüge, um die Hürden und Probleme des Lebens zu meistern, der irrt sich gewaltig. Eine normale oder sogar hohe emotionale Intelligenz kann Ihnen Ihr Leben erleichtern, Sie erfolgreicher im Beruf machen und natürlich auch in der Beziehung zum Partner einen enormen Unterschied bewirken.

Emotionale Intelligenz für Ihre Gesundheit

Für viele Menschen sind negative Gefühle etwas Überflüssiges und Nerviges, etwas, was nicht mit dem restlichen Körper im Zusammenhang steht. Gefühle kommen und gehen und spielen sich doch eigentlich nur im Kopf ab – oder etwa nicht? Tatsächlich gibt es zwischen unseren Emotionen und unserer körperlichen Gesundheit eine überaus starke Verbindung. Zahlreiche medizinische Studien haben nachgewiesen, dass die Verbindung zwischen unserem Körper und unseren Gefühlen zwar komplex und nicht immer leicht nachzuvollziehen ist, jedoch konstant und stark besteht.[6]

Wie kann solch eine Verbindung aussehen? Oftmals bemerken wir, dass unsere Gefühle unseren Körper beeinflussen, wenn es sich um negative Emotionen handelt. Wer zum Beispiel viel oder gar dauerhaft unter Stress leidet, der beeinträchtigt sein Immunsystem, wodurch der Körper anfälliger für Krankheiten wird, was wiederum den Stresslevel erhöht. Wer unter starken Depressionen leidet, der ist deutlich anfälliger dafür, an Infektionskrankheiten wie Erkältungen oder Herpes zu erkranken. Unsere Emotionen können sogar sehr drastische Auswirkungen haben, die weit über eine leichte Erkältung hinausgehen: Wer dauerhaft unter Stress steht oder unter Depressionen leidet, dessen Körper hat eine geminderte Fähigkeit, sich gegen die Bildung von Metastasen von Tumoren zu wehren.[7] Die mitunter bekannteste Krankheit , die allein von Gefühlen hervorgerufen werden kann, ist das Burnout-Syndrom. Wer sich über einen langen Zeitraum selbst überfordert, unter Stress leidet, mit Perfektionismus oder einem schlechten Selbstbewusstsein zu kämpfen hat, der läuft Gefahr auszubrennen, also dem Burnout-Syndrom zu erliegen. Die Symptome dieses Syndroms sind zunächst psychischer Natur, können sich jedoch auch psychosomatisch äußern, und zwar durch Rastlosigkeit, fehlende Energie, Mangel an Schlaf oder Insomnie und erhöhte Infektionsanfälligkeit.

---

6 Friedman, Howard und S. Boothby-Kewley: *The Disease-Prone Personality: A Meta-Analytic View.* American Psychologist, Band 42, 1987.

7 Courtney, Joseph C.: *Stressful Life Events and the Risk of Colorectal Cancer.* Epidemiology, Band 4, Heft 5, September 1993.

Im Umkehrschluss können positive Emotionen unsere Gesundheit jedoch ebenso verbessern. Wer nicht von Stress, Depressionen, Pessimismus oder chronischer Wut betroffen ist, der erkrankt weniger schnell an Herzerkrankungen und Infarkten. Querschnittsgelähmte Menschen, Dialysepatienten sowie ältere Menschen mit Frakturen oder ähnlichen gesundheitlichen Problemen haben bessere Heilungs- und Überlebenschancen, wenn sie nicht an Depressionen leiden oder diese therapieren. Grundsätzlich wird davon ausgegangen, dass eine positive Grundeinstellung eine jede Krankheit mindern oder gar heilen kann .[8]

Emotionale Intelligenz für Ihre Partnerschaft

Eine normale oder hohe emotionale Intelligenz ist nicht nur für die physische Gesundheit Ihres Körpers wichtig, sondern auch für Ihre sozialen Kontakte. Insbesondere die Beziehung zu einem Lebenspartner, sei es der feste Freund oder der Ehepartner, kann von einer hohen emotionalen Intelligenz profitieren.

In unserer modernen Zeit werden Partnerschaften und Ehen nicht mehr so sehr durch die äußeren Umstände stabilisiert. Während es vor 50 Jahren noch mehr oder weniger tabu war, sich scheiden zu lassen, ist solch eine Trennung heutzutage fast schon ein Kinderspiel, weswegen fast 36 Prozent aller

---

[8] Bossone, Ken: *Why Positive Thinkers Have the Power: How to Use the Powerful Three-Word Motto to Achieve Greater Peace of Mind.* 2008.

Ehen wieder geschieden werden.[9] Umso wichtiger ist es deswegen, eine Partnerschaft oder Ehe von innen heraus zu stärken. Das beste Werkzeug dafür sind Ihre Emotionen und Ihre emotionale Intelligenz. Das Verstehen des Partners und seiner Emotionen verlangt ein gewisses Maß an Empathie. Außerdem ist es essenziell, dass beide Partner ihre eigenen Gefühle erkennen und diese benennen und ausdrücken können. Wer seine eigenen Gefühle nicht versteht, der kann diese nicht ausdrücken und dem Partner nicht begreifbar machen, welche Probleme bestehen. Darüber hinaus kann eine Person, die ihre eigenen Gefühle nicht benennen kann, auch die Gefühle des Partners oftmals nicht nachvollziehen oder verstehen. Und wer dazu neigt, cholerisch zu werden, und schnell vor lauter Wut auf alle Logik verzichtet, für den stellt es sich auf Dauer als schwierig dar, eine hochwertige und liebevolle Partnerschaft zu führen. Durch eine gute Selbstwahrnehmung der eigenen Emotionen, durch eine ausreichende Selbstkontrolle und durch Empathie ist es uns möglich, eine liebevolle und hochwertige Partnerschaft zu führen.

Beruflicher Erfolg durch emotionale Intelligenz

In der Berufswelt genügt es schon lange nicht mehr, kognitiv intelligent zu sein und seine Aufgaben fehlerfrei verrichten zu können. Ihr Abschlusszeugnis kann eine noch so gute Note

---

[9] Statistisches Bundesamt (07/2020): *Eheschließungen, Ehescheidungen und Lebenspartnerschaften.* Abgerufen am 04.09.2020. https://www.destatis.de/DE/Themen/Gesellschaft-Umwelt/Bevoelkerung/Eheschliessungen-Ehescheidungen-Lebens partnerschaften/_inhalt.html

beinhalten, Ihre emotionale Intelligenz spielt schlussendlich eine mindestens genauso entscheidende Rolle für Ihren beruflichen Erfolg – zumindest dann, wenn Sie kein Ein-Mann-Unternehmen führen und täglich mit Kollegen und Chef in Kontakt stehen müssen.

Ein Bereich Ihres Arbeitslebens, welcher von einer hohen emotionalen Intelligenz profitiert, ist die soziale Harmonie, die für eine effiziente Teamarbeit unabdingbar ist. Wer sich nur schlecht in Gruppen einbringen kann oder kein Teamplayer ist, für den erschwert sich das Berufsleben enorm, vor allem, wenn eine Zusammenarbeit erwünscht oder sogar ein Muss ist. Ein weiterer bedeutender Punkt ist die Kritikfähigkeit. Auch sie ist Teil der emotionalen Intelligenz und kann dementsprechend stark oder schwach ausgeprägt sein. Wer sich weiterentwickeln möchte und vorhat, im Berufsleben aufzublühen, der muss eine gewisse Kritikfähigkeit mitbringen. Wer sich jedoch vor den Kopf gestoßen fühlt, weil die Kollegen oder der Chef etwas zu bemängeln haben oder einen anderen Ideenansatz bevorzugen, der wird schnell als arrogant oder uneinsichtig wahrgenommen. Eine Zusammenarbeit mit kritikunfähigen Menschen ist nicht leicht und hindert die Person, die ebendiese Kritik nicht gut vertragen kann, daran, sich weiterzuentwickeln und akzeptiert zu werden. Ein weiterer wichtiger Aspekt aus dem Bereich der emotionalen Intelligenz in Bezug auf das Arbeitsleben ist die gegenseitige Toleranz der Mitarbeiter und diejenige gegenüber von Minderheiten. Wer einen Kunden nicht mit Respekt behandelt oder dem Geschäftspartner oder dem Kollegen keine Toleranz entgegenbringt, der schadet nicht nur dem Unternehmen, er stellt auch einen enormen Störfaktor im Arbeitsumfeld dar. Sie können sich inzwischen bestimmt selbst ausmalen, welche Konsequenzen ein niedriges oder fehlendes emotional-intelligentes Verhalten für den beruflichen Erfolg haben kann. Im Gegensatz dazu kann eine hohe emotionale Intelligenz Sie nicht nur beruflich erfolgreicher machen, sie kann Ihnen auch dabei helfen, sich insgesamt wohlzufühlen, leichter Freundschaften zu schließen und die eigene psychische Gesundheit zu fördern.

SO ENTSTAND DAS KONZEPT DER EMOTIONALEN INTELLIGENZ

Dass eine ausreichende kognitive Intelligenz Ihnen zu Erfolg im akademischen Bereich verhelfen kann, steht außer Frage. Schlau zu sein, ist jedoch nur ein Teil des Rezepts und garantiert keinen Erfolg in nicht-akademischen Bereichen. In solchen spielen Komponenten wie Glück, Prestige und Charisma ebenfalls eine bedeutende Rolle. Im Jahre 1983 regte der US-amerikanische Erziehungswissenschaftler Howard Gardner deswegen an, das traditionelle Konzept von Intelligenz zu erweitern. Eine ausreichende Intelligenz in Mathematik oder Sprachen genüge nicht mehr aus, um als schlau zu gelten. Stattdessen gebe es eine Bandbreite an verschiedenen Intelligenzen, die berücksichtigt werden müssten. Gardner erstellte Intelligenzkonstrukte, die interpersonal oder intrapsychisch ausgelegt sind und heutzutage oftmals unwissenschaftlich als „Charakter" bezeichnet werden.

Die US-amerikanischen Psychologen Peter Salovey und John D. Mayer entwickelten im Jahre 1990 eine Definition für eine Intelligenz, die nicht kognitiv, sondern emotional ist. Grundlage für diese Definition war die Vorarbeit von Howard Gardner. Laut Mayer und Salovey beinhaltet die emotionale Intelligenz fünf Kompetenzen, die unterschiedlich stark ausgereift sein können:

1. das Erkennen der eigenen Emotionen
2. das Beeinflussen und Verändern von Emotionen
3. das Ausleben und Nicht-Ausleben von Emotionen
4. das Empfinden von Empathie
5. die Fähigkeit, zwischenmenschliche Beziehungen zu führen und zu erhalten

Fünf Jahre nachdem Salovey und Mayer das Konzept der emotionalen Intelligenz entwickelt haten, griff der Wissenschaftsjournalist und klinische Psychologe Daniel Goleman diesen Gedanken auf und veröffentlichte ihn in einem Buch mit dem Titel „Emotional Intelligence: Why It Can Matter More Than IQ“ – zu deutsch: „Emotionale Intelligenz: Wieso sie wichtiger sein kann als der IQ “. Sein Ziel war es, der Öffentlichkeit deutlich zu machen, wie essenziell eine hohe Kompetenz im Umgang mit eigenen und fremden Gefühlen sein kann und dass eine solche Kompetenz für den Erfolg im Berufs- und Privatleben eine große Rolle spielen kann.

Dieser Ratgeber baut auf den Erkenntnissen Golemans auf, welche wiederum von der jahrelangen Forschung durch Gardner, Salovey und Mayer profitierten. Sie lernen durch das Lesen dieses Buches nicht nur mehr über diese überaus interessanten Forschungsergebnisse, sondern Sie werden auch erkennen, wie wichtig eine hohe emotionale Intelligenz ist und welche Vorteile sie für Ihren Alltag haben kann. Finden Sie heraus, wie hoch Ihr eigener EQ ist, und entdecken Sie praktische und alltagstaugliche Tipps, mithilfe derer Sie Ihre emotionale Intelligenz verbessern können.

WIE HOCH IST IHRE EMOTIONALE INTELLIGENZ JETZT?

Bestimmt haben Sie während des Lesens dieses Buches bis zu diesem Punkt ab und zu über Ihre eigene emotionale Intelligenz nachgedacht. Fühlen Sie sich selbst emotional intelligent oder haben Sie eine kleine Ahnung, dass es bei Ihnen noch etwas Übung benötigt, bis Sie mit Stolz von einem hohen EQ sprechen können? Tatsächlich gibt es, vor allem online, inzwischen ausführliche Tests, mithilfe derer Sie Ihre eigene emotionale Intelligenz testen und bewerten können. Da ein solcher Test den Rahmen dieses Ratgebers sprengen würde, Sie jedoch trotzdem die Möglichkeit bekommen sollen, sich selbst einzuschätzen, finden Sie im Folgenden einen kleinen Test, mit dessen Ergebnis Sie erkennen können, in welche Richtung Ihre emotionale Intelligenz geht. Versuchen Sie, den Test so wahrheitsgemäß wie möglich auszufüllen, und geben Sie eine ehrliche Einschätzung über sich selbst ab. Wenn Sie möchten, können Sie diesen Test gemeinsam mit einer Freundin, einem Freund oder einem Mitglied aus Ihrer Familie ausfüllen.

Bewerten Sie folgende Aussagen und kreuzen Sie an, ob Sie gar nicht zustimmen, eher nicht zustimmen, eher zustimmen oder voll und ganz zustimmen. Die Punktzahlen Ihrer einzelnen Antworten rechnen Sie anschließend zusammen. Die Auswertung finden Sie am Ende des Tests.

	Aussage:	Stimme gar nicht zu	Stimme eher nicht zu	Stimme eher zu	Stimme voll und ganz zu
1	Ich drücke mich so aus, dass andere mich verstehen.	**1**	**2**	**3**	**4**
2	Ich habe die Fähigkeit, andere zu motivieren.	**1**	**2**	**3**	**4**
3	Ich weiß genau, wie ich auf unterschiedliche Situationen reagiere.	**1**	**2**	**3**	**4**
4	Ich kann gut mit anderen Menschen umgehen.	**1**	**2**	**3**	**4**
5	Ich bin bei anderen Menschen beliebt.	**1**	**2**	**3**	**4**
6	Ich besitze Führungs-qualitäten.	**1**	**2**	**3**	**4**
7	Ich bin gerne emotional und fühle mich wohl dabei.	**1**	**2**	**3**	**4**
8	Ich kann meine eigene Stimmung beeinflussen.	**1**	**2**	**3**	**4**

9	Ich kenne mich selbst gut.	**1**	**2**	**3**	**4**
10	Ich bin ein aufmerksamer und guter Zuhörer.	**1**	**2**	**3**	**4**
11	Ich kann meine Gefühle gut handhaben.	**1**	**2**	**3**	**4**
12	Menschen suchen Rat bei mir.	**1**	**2**	**3**	**4**
13	Ich erkenne meine Emotionen.	**1**	**2**	**3**	**4**
14	Ich kann mit meinen Gefühlen gut umgehen.	**1**	**2**	**3**	**4**

Ergebnis: Rechnen Sie alle Zahlen, die Sie angekreuzt haben, zusammen.

Auswertung:

42 bis 56 Punkte: Sie haben eine sehr hohe emotionale Intelligenz.

28 bis 41 Punkte: Ihre emotionale Intelligenz ist vorhanden, besitzt jedoch noch Ausbaupotenzial.

14 bis 27 Punkte: Sie besitzen eine schwache emotionale Intelligenz.

Natürlich lässt sich aus dieser spontanen und eigenen Einschätzung keine genaue und komplexe Analyse Ihrer emotionalen Intelligenz ziehen, jedoch haben Sie nun eine grobe Ahnung davon, wie hoch Ihr EQ sein könnte und wie viel Entfaltungspotenzial in Ihnen schlummert. Unabhängig davon, ob Sie einigen Punkten überhaupt nicht zustimmen konnten oder bei jeder Frage das Vier-Punkte-Kästchen angekreuzt haben, können Sie Ihre Fähigkeiten in Bezug auf Ihre emotionale Intelligenz ausarbeiten, entwickeln und verfeinern. Das folgende Kapitel erklärt Ihnen die einzelnen Komponenten der emotionalen Intelligenz im Detail und bietet Praxistipps und Übungen, mit denen Sie Ihre emotionale Intelligenz steigern können.

STEIGERN SIE IHRE EMOTIONALE INTELLIGENZ

Das Konzept der emotionalen Intelligenz mag für viele sehr abstrakt und nicht nachvollziehbar klingen. Wieso ist es notwendig, seine eigenen Gefühle zu analysieren und zu verstehen, sie äußern sich doch ohnehin, oder nicht? Wer traurig ist, der weint. Wer fröhlich ist, der lacht. So einfach ist das. Tatsächlich spielen sich in unseren Köpfen aber jeden Tag so viele Emotionen ab, dass wir mit dem Ausleben dieser Emotionen gar nicht mehr hinterherkommen. Besonders starke Emotionen wie Trauer oder Freude zeigen sich meistens durch körperliche Reaktionen wie Weinen oder Lachen, die wir nicht aufhalten oder unterdrücken können. Andere Emotionen wiederum, zum Beispiel Zweifel, Stress oder Wut, sind oftmals nicht direkt für uns erkennbar. Man merkt zwar, dass etwas nicht stimmt – man fühlt sich bedrückt oder ist unruhig – und kann dennoch nicht benennen, was genau das Problem ist. Unsere Emotionen sind zahlreich und komplex und lassen sich nicht auf die Basisemotionen wie Freude, Trauer und Wut begrenzen. Über einige Emotionen möchten wir manchmal auch gar nicht genauer nachdenken, sei es aus dem Grund, dass ein Ausleben ebendieser Gefühle in der Gesellschaft nicht akzeptiert wird oder weil das Erleben dieser Gefühle zu schmerzhaft für uns wäre. Das

Unterdrücken und das Nichterkennen von Emotionen sind mitunter die größten Gründe für eine niedrige emotionale Intelligenz, weswegen der erste Schritt in Richtung hoher EQ die Selbstreflexion ist.

DIE SELBSTREFLEXION

Nach einem anstrengenden Tag auf der Arbeit fährt Herr Mustermann nach Hause und wird von seiner Ehefrau mit einem selbstgemachten Abendessen überrascht. Irgendwie hat Herr Mustermann aber schlechte Laune und als seine Frau ein Glas umstößt und der Rotwein sich auf der weißen Tischdecke ausbreitet, platzt ihm endgültig der Kragen. Für ihn ist in diesem Moment klar: Seine Frau hätte besser aufpassen müssen, der Abend ist nun ruiniert.

Ist Herr Mustermanns Abend denn wirklich ruiniert und ist seine Frau schuld an seiner schlechten Laune und seiner Wut? Als Außenstehender lässt sich sehr einfach erkennen, dass das eigentliche Problem nicht bei Frau Mustermann liegt, die sich schließlich Mühe gegeben hat und ihrem Ehemann eine Freude mit einer selbstgekochten Mahlzeit bereiten wollte. Vielmehr muss der Ursprung seiner Emotionen auf der Arbeit liegen. Gab es dort stressige Situationen? Gab es einen Streit mit Kollegen oder sogar dem Chef? Während dem objektiven Betrachter schnell klar wird, dass die Emotionen von Herrn Mustermann nicht von seiner Frau hervorgerufen wurden, scheint dieser Umstand ihm selbst nicht bewusst zu sein. Was Herrn Mustermann fehlt, ist eine ausreichende Selbstreflexion.

Obgleich dieses Beispiel vielleicht etwas überspitzt dargestellt wurde, zeigt es doch deutlich, was die Selbstreflexion bedeutet: Wir sollten uns selbst den Spiegel vorhalten und unsere eigenen Gefühle erkennen und analysieren. Dabei kann es vorkommen, dass wir nicht wirklich verstehen, was genau wir fühlen und woher diese Emotionen kommen. Wer seine Emotionen jedoch auslebt, anstatt darüber nachzudenken, woher sie überhaupt stammen und was sie bedeuten, der steht sich oftmals selbst im Weg und kann schlechte Gewohnheiten nur schwer verändern. Zusammengefasst besteht die Selbstreflexion aus zwei Komponenten, die es gleichermaßen zu erlernen gilt:

1) **Die Selbstaufmerksamkeit:** Der Mensch erlebt Emotionen und erkennt diese Gefühle. Er erkennt, dass er sauer ist oder glücklich, dass er wütend ist oder unter Stress steht.

2) **Die Selbstexploration:** Der Mensch hinterfragt, woher ebendiese Gefühle stammen. Er analysiert und interpretiert seine Emotionen und kann im besten Fall festlegen, welches Ereignis der Auslöser für seine Wut, Freude oder Stress war.

Mit dieser Achtsamkeit ist es Ihnen möglich, Ihre Aufmerksamkeit auf sich zu richten und zu erkennen, was Sie gerade benötigen. Wer erkennt, dass er in einer stressigen Situation steckt, und herausfinden kann, was genau diesen Stress verursacht, der findet schnell eine Lösung und schafft sich Situationen oder Auszeiten, die weniger stressig sind und Körper und Geist guttun. Eine gründliche Selbstreflexion erlaubt es Ihnen schlussendlich, unabhängig von Ihren Emotionen zu leben und Eigenverantwortung zu übernehmen. Wer sich selbst reflektiert, der wird sich immer wieder mit zwei verschiedenen Dingen auseinandersetzen müssen: dem Selbstbild und dem Idealbild. Das Selbstbild beschreibt das Bild, das Sie von sich selbst haben, wenn Sie in Ihren (geistigen) Spiegel schauen. Wie sehen Sie sich selbst an? Mögen Sie bestimmte Dinge und andere wiederum nicht? Haben Sie einen hohen Selbstwert? Das Idealbild hingegen ist das Selbstbild, welches Sie erreichen möchten. Ihre Ziele, Stärken und Schwächen, Bedürfnisse und auch Ihre Charaktermerkmale beeinflussen dabei Ihr Selbstbild ebenso wie Ihr Idealbild. Die Selbstreflexion entsteht aus dem Vergleichen Ihres Selbstbilds mit Ihrem Idealbild.

Die Selbstreflexion beinhaltet aber nicht nur das Erkennen und Analysieren der eigenen Emotionen und Gefühle, sondern auch das Handeln. Sie sind nicht machtlos Ihren Gefühlen gegenüber und können diese kontrollieren. Was wäre zum Beispiel, wenn Herr Mustermann aus unserem Beispiel zu Beginn des Kapitels sich selbst mehr reflektiert hätte, bevor ihm der Kragen geplatzt ist? Er hätte auf dem Weg von der Arbeit nach Hause vielleicht schon überlegt, wieso er so wütend ist. Vielleicht ist der Grund ganz simpel und sein Kollege hat eine wichtige Abgabe vergessen, was Herr Mustermann ausbaden musste. Vielleicht ärgert Herr Mustermann sich aber auch darüber, dass er selbst an diesem Tag nicht so viel geschafft hat, wie er sich vorgenommen hatte, oder er ärgert sich darüber, dass er das spontane Treffen auf ein Bier mit seinen Kollegen nicht wahrnehmen konnte, weil seine Frau zu Hause auf ihn gewartet hat. Die Wut von Herrn Mustermann kann viele Gründe haben und dennoch wird ihm bewusst, dass seine Frau keine Schuld an seinen Emotionen trägt. Im

Endeffekt bedeutet dies nicht, dass Herr Mustermann seine Gefühle einfach abschalten und durch „bessere" Gefühle austauschen kann. Er wird sich jedoch bewusst darüber, dass das umgestoßene Weinglas zwar das Fass zum Überlaufen gebracht hat, jedoch nicht Ursprung seiner Emotionen ist. Dementsprechend kann Herr Mustermann ganz anders mit dieser Situation umgehen, als er es letztendlich getan hat, was dazu führen kann, dass die negativen Emotionen durch positive ersetzt werden.

Erlernen Sie Selbstreflexion

Sich selbst zu reflektieren können Sie tatsächlich erlernen oder flexionverbessern. Der Weg zur Selbstreflexion ist dabei nicht immer ein einfacher und es kann sein, dass Sie auf die eine oder andere Hürde stoßen werden. Mit einigen kleinen Tipps jedoch wird es Ihnen immer leichter fallen, Ihre eigenen Emotionen zu erkennen, zu analysieren und sich selbst besser kennenzulernen. Nehmen Sie sich etwas Zeit und gehen Sie die nachfolgenden Übungen in Ruhe durch. Wiederholen Sie die Übungen nach Bedarf immer wieder und legen Sie sich ein kleines Notizbuch über Ihre Gedanken und Gefühle, sich selbst und anderen gegenüber, an. So können Sie rückblickend erkennen, wie sehr Sie sich verändert haben und wie sehr Ihr Selbstbild sich Ihrem Idealbild angepasst hat.

Übung Nummer 1: Vervollständigen Sie folgenden Satz zehn Mal mit verschiedenen Endungen: „Ich bin…". Die Sätze können verschiedene Bereiche Ihres Lebens und Ihres Charakters abdecken, zum Beispiel: „Ich bin sehr ausgeglichen", „Ich bin cholerisch" oder „Ich bin oft gestresst". Halten Sie diese Beobachtungen gerne schriftlich auf einem Zettel oder im Handy fest. So können sie immer wieder auf Ihre Notizen zurückblicken und diese mit neuen Beobachtungen vergleichen.

Übung Nummer 2: Legen Sie fest, wo Sie momentan stehen und wo Sie hinmöchten. Diese Übung ist nicht nur auf Ihre Emotionen begrenzt, sondern lässt sich auf verschiedene Lebensbereiche anwenden:

- **Arbeit und Leistung:** Wie sieht Ihre Karriere aus? Sind Sie zufrieden in Ihrer aktuellen Position oder hoffen Sie auf eine Beförderung? Was müssen Sie tun, um das Idealbild Ihres Arbeitslebens zu erreichen?

- **Kontakte und zwischenmenschliche Beziehungen:** Wo stehen Sie momentan in Ihrer zwischenmenschlichen Beziehung zum Lebenspartner, zum besten Freund, zu Arbeitskollegen und guten Bekannten? Möchten Sie etwas verändern?

- **Gesundheit und Körper:** Wie sieht es bei Ihnen physisch wie psychisch aus? Sind Sie gesund oder gibt es Bereiche, um die Sie sich kümmern sollten? Was lässt sich verändern und womit müssen Sie lernen zu leben?

- **Zukunft und Lebenssinn:** Was möchten Sie in Ihrer Zukunft erreichen und fühlen Sie eine Bestimmung für Ihr Leben?

Machen Sie sich bewusst, wo Sie in den jeweiligen Bereichen stehen, und überlegen Sie, wo Sie in Zukunft stehen möchten.

Was fehlt in den unterschiedlichen Bereichen, damit Sie Ihr Idealbild erreichen und sich rundum wohlfühlen? Überlegen Sie außerdem, welche Schritte unternommen werden müssen, um ebendieses Idealbild in den verschiedenen Lebensbereichen zu erlangen. Gehen Sie jedoch nicht zu verbissen an diese Aufgabe heran, denn eine Veränderung kommt in den seltensten Fällen von heute auf morgen zustande und erfordert viel Disziplin. Entdecken Sie sich und Ihre Emotionen stattdessen mit viel Neugierde und lernen Sie sich selbst besser kennen.

Übung Nummer 3: Wer sich selbst reflektiert, der entschleunigt das Gedankenkarussell, das sich tagein, tagaus in seinem Kopf dreht. Zerlegen Sie bestimmte Situationen in Einzelteile und analysieren Sie, was genau Sie dazu gebracht hat, Ihre Fassung zu verlieren oder eine bestimmte Emotion zu fühlen. Erinnern Sie sich an eine konkrete Situation, nach welcher Sie sich vielleicht voller Erschrecken über das eigene Verhalten an den Kopf gefasst haben, oder denken Sie über innere Konflikte nach, die in Ihrem Leben immer wieder aufkommen, wie zum Beispiel, dass Sie sich sehr oft für Dinge verantwortlich fühlen, für die Sie nicht verantwortlich sind, oder dass Sie sich mit einigen Personen ständig im Streit befinden. Denken Sie an eine bestimmte Situation zurück und stellen Sie sich folgende Fragen:

- Was war mir in dieser Situation wichtig? Was war meine Intention und mein Motiv?

- Welche Gedanken sind mir während der Situation durch den Kopf gegangen?

- Wie habe ich mich in dieser Situation gefühlt? Haben meine Gefühle sich verändert? Wann und wodurch sind meine Gefühle umgeschlagen?

- Wie habe ich weiter gehandelt, nachdem meine Gefühle sich verändert haben?

Haben Ihre ursprünglichen Absichten mit der schlussendlichen Reaktion zusammengepasst und welche Rolle haben Ihre Gedanken und Emotionen in der jeweiligen Situation gespielt? Wenn andere Personen beteiligt waren, kann es für Sie außerdem sinnvoll sein, die Situation aus der Sicht der anderen zu betrachten:

- Was war meinem Gegenüber in dieser Situation wichtig?

- Welche Gedanken sind bei dem anderen wohl aufgetaucht und was ging ihm durch den Kopf?

- Wie muss sich der andere in dieser Situation gefühlt haben und haben sich seine Gefühle (ebenfalls) verändert?

- Was genau war das Resultat dieser Situation für mein Gegenüber?

Übung Nummer 4: Sprechen Sie mit anderen über Ihre Selbstwahrnehmung. In vielen Fällen weicht das Bild, welches wir von uns selbst haben, sehr von dem Bild ab, das Freunde und Familie von uns haben. Es kann Ihnen guttun und Sie in Ihrer Persönlichkeit stärken, wenn Sie zum Beispiel hören, dass Sie ein guter Freund sind und für die andere Person eine solide Stütze im Leben darstellen. Gleichermaßen kann es jedoch auch wehtun, wenn Ihnen gesagt wird, dass Sie als unzuverlässig angesehen werden, obwohl Sie sich selbst nie als unzuverlässig beschrieben hätten. Unabhängig davon, ob Ihnen die Aussagen über sich gefallen oder nicht, sind diese doch ein bedeutsamer Teil in der Weiterentwicklung Ihrer Selbstreflexion. Verstärken Sie Eigenschaften, die Sie und andere als positiv ansehen, und arbeiten Sie an Dingen, die bemängelt werden. Sprechen Sie mit Menschen, die Sie gut kennen und die Ihnen die Wahrheit sagen.

Dabei sollte es kein Richtig oder Falsch geben, denn all unsere Wahrnehmungen sind rein subjektiv und basieren auf Gefühlen. Seien Sie offen und neugierig und entdecken Sie, wie Sie auf Ihr Umfeld wirken.

Die Selbstreflexion ist der Ausgangspunkt für eine hohe emotionale Intelligenz. Ohne sie ist es nicht möglich, emotional intelligent(er) zu werden, denn sie beinhaltet das Erkennen von Gefühlen und ihren Auslösern. Somit ist die Selbstreflexion mit der emotionalen Selbsterkennung gleichzusetzen, welche der erste Schritt in Richtung emotionale Intelligenz ist. Lernen Sie also nach und nach, Ihre Emotionen zu erkennen und zu verstehen und so nicht nur die eigenen Reaktionen und Gedanken nachvollziehen zu können, sondern auch das Gegenüber besser zu verstehen. Eine gute Selbstreflexion hilft Ihnen enorm im Umgang mit eigenen Konflikten sowie in der alltäglichen Handhabung zwischenmenschlicher Beziehungen.

DIE EMOTIONEN ANDERER WAHRNEHMEN UND DEUTEN

Ihr bester Freund oder Ihre beste Freundin besucht Sie abends auf eine Flasche Bier oder ein Glas Wein und sieht in Ihren Augen irgendwie bedrückt aus. Irgendetwas an der Körperhaltung, Gestik und Mimik macht Sie stutzig, denn die gute Laune Ihres Freundes passt nicht zum restlichen Bild und wirkt irgendwie gespielt. Was ist wirklich los und was spielt sich hinter der Fassade ab?

Einige Menschen zeigen ihre Emotionen ganz offen, während wieder andere Menschen ein sogenanntes Pokerface aufsetzen und sogar von Personen mit guter Menschenkenntnis nur schwer gelesen werden können. Handelt es sich bei diesen Menschen um Familienmitglieder oder enge Freunde, so fällt uns das Lesen ihrer Emotionen oftmals leichter, als wenn es sich um eine fremde Person, um flüchtige Bekannte oder um Arbeitskollegen handelt. Doch auch das Erkennen und Deuten der Emotionen fremder Menschen lässt sich erlernen und verbessern.

Erlernen Sie das Wahrnehmen der Emotionen Ihrer Mitmenschen

Stellen Sie sich einen Eisberg vor, welcher im offenen Meer vor sich hintreibt. Sie sehen eine hohe weiße Spitze aus Eis, während der Rest des Eisbergs unter der Wasseroberfläche verschwindet. So viel kann sich doch eigentlich nicht mehr unter der Wasseroberfläche verstecken, oder? Wie groß kann solch ein Eisberg schon sein, wenn die Spitze bereits so riesig auf Sie wirkt?

Das berühmte Modell des Eisbergs wurde von dem Begründer der Psychoanalyse, Sigmund Freud, erstellt und soll uns zeigen, dass unter der Oberfläche des Wassers noch lange kein Ende des Eisbergs in Sicht ist. Genau genommen ragen nur 20 Prozent des Eises sichtbar über die Wasseroberfläche, während 80 Prozent für uns nicht erkennbar sind. Dieses Modell zeigt sehr deutlich, wie groß die Herausforderung unserer zwischenmenschlichen Kommunikation ist, denn wir können in erster Instanz nur das behandeln, was wir sehen – und das sind lediglich 20 Prozent des Eisbergs.

Wie genau soll dieses Eisbergmodell also gedeutet werden? Nach Freud stellt die Spitze des Eisbergs, also die sichtbaren 20 Prozent, die bewussten und bewusst erlebbaren Anteile der Persönlichkeit eines Menschen dar. Die Spitze des Eisbergs repräsentiert also unsere Handlungen, unsere bewussten Gedanken und unsere Äußerungen – unsere zwischenmenschliche Kommunikation. Die restlichen 80 Prozent sind unser Unterbewusstsein, welches sich aus den folgenden Komponenten zusammensetzt:

- Gefühle: Emotionen, Bedürfnisse, Vorlieben, Stimmungen

- Wille: Motivation und Motive, Antrieb, Absichten

- Wahrnehmung: Beobachtungen, Interpretationen, Gedanken und Vorstellungen

Alles, was also über der Wasseroberfläche liegt, wird von uns Menschen bewusst wahrgenommen. Einige Meter unter der Wasseroberfläche liegt laut Wissenschaftlern das Vorbewusstsein, das für uns häufig noch erkennbar und erfahrbar ist. Je tiefer der Eisberg jedoch unter der Wasseroberfläche wächst, desto tiefer ist entsprechend diesem Modell das Unterbewusstsein einer Person. Ängste, Konflikte und Traumata werden oftmals unbewusst in die Tiefe der Fluten geschoben, wo sie am unteren Ende des Eisbergs ruhen und unser Unterbewusstsein beeinflussen.

Wer nun meint, dass sich Dinge, die nicht sichtbar sind, auch nicht auswirken können , der irrt gewaltig. Wir Menschen bestehen aus weitaus mehr als nur den 20 Prozent unseres inneren Eisbergs. Die restlichen 80 Prozent sind zwar nicht immer sichtbar, beeinflussen die oberen 20 Prozent jedoch enorm. Stellen Sie sich vor, ein großes Boot kommt vom Kurs ab und stößt gegen den Eisberg. Selbst wenn Sie jetzt unwillentlich eventuell ein Bild der Titanic vor Augen haben, ist dies doch genau das Bild, das Sie benötigen, um zu verstehen, wie bedeutungsvoll die Unterseite des Eisbergs ist. Sie gibt der Oberseite Stabilität und Substanz. Ohne die Unterseite des Eisbergs würden die oberen 20 Prozent schnell zerbröseln und von den Fluten in alle Richtungen verteilt werden. Unser

Unterbewusstsein hilft uns also ebenfalls dabei, mit äußeren Einflüssen umzugehen und sie zu verarbeiten.

Nun ist es für uns Menschen oftmals schon schwer, die Unterseite des eigenen Eisbergs zu erkennen und zu analysieren. Dafür ist die Selbstreflexion besonders wichtig, denn nur so kann jedes Stückchen Eis erkundet und erkannt werden. Für uns ist es ebenso wenig leicht, die Unterseite mit der Oberseite zu verbinden. Zwar repräsentiert die Spitze unser Unterbewusstsein zu bestimmten Teilen, jedoch können wir nicht immer verstehen, welche Handlungen und Aussagen von welchem Teil unseres Unterbewusstseins ausgehen.

Gehen wir zu dem Beispiel des besten Freundes zurück. Hier scheint Ihrem Gegenüber bewusst zu sein, dass irgendetwas, das es nicht greifen kann, nicht stimmt, das es nicht greifen kann, aber die Person möchte Sie nicht mit schlechter Laune oder mieser Stimmung beeinflussen oder stören. Stattdessen versucht Ihr Gegenüber, die negativen Gefühle durch neutrale oder positive Gefühle zu überdecken. Da Sie Ihren besten Freund sehr gut kennen, können Sie schnell sehen, dass die gute Laune nur gespielt ist und etwas anderes, etwas Negatives durch diese überdeckt werden soll. Dadurch, dass Sie Ihr Gegenüber so gut kennen, können Sie diese kleinen Schwankungen und Unstimmigkeiten erkennen und zuordnen. Ist die Person Ihnen gegenüber vielleicht ruhiger und stiller als sonst? Fällt es Ihnen schwer, ein Gespräch aufrechtzuerhalten, weil die andere Person mit den Gedanken immer wieder abschweift? Solange wir eine Person gut kennen, fällt es uns in der Regel nicht allzu schwer, die unterliegenden Stimmungen und Stimmungsschwankungen wahrzunehmen und zu deuten. Bei fremden Personen hingegen kann dieser

Prozess deutlich schwieriger sein. Es ist uns dann nicht bekannt, wie dieser Fremde sich normalerweise in dieser oder jener Situation benehmen würde oder ob der andere immer so überdreht und fröhlich oder stets so ruhig ist.

Nun folgt aber die gute Nachricht: So kompliziert und unverständlich unsere eigenen Gefühle und Emotionen sowie die Emotionen der anderen für uns sein mögen, kann jeder von uns dennoch erlernen, den unteren Teil des Eisbergs zu erkennen und zu deuten – zumindest teilweise. Diese Fähigkeit, welche im Volksmund den Namen „Menschenkenntnis" zugeschrieben bekommen hat, baut sich mit viel Erfahrung, Intuition und Arbeit langsam auf und kann Ihnen in der Zukunft immer wieder dabei helfen, zwischenmenschliche Beziehungen zu führen und die Emotionen Ihrer Mitmenschen zu verstehen.

Geben Sie sich also nicht mehr mit den 20 Prozent des Eisbergs zufrieden, die Sie von einem Großteil Ihrer Mitmenschen gezeigt bekommen, sondern blicken Sie tiefer.

Praxistipps und Übungen

Die Emotionen Ihrer Mitmenschen wahrzunehmen und zu deuten, kann also tatsächlich erlernt werden. Dabei handelt es sich nicht um eine einfache Aufgabe, denn die Voraussetzung dafür, die Unterseite des Eisbergs Ihres Gegenübers zu offenbaren, sind harte Arbeit und Disziplin. Sie müssen Zeit in Ihr Gegenüber investieren, aufmerksam zuhören und die richtigen Fragen stellen, ohne dabei aufdringlich zu wirken. Mit den folgenden Tipps und Übungen wird es Ihnen mit der

Zeit immer leichter fallen, die Emotionen Ihrer Mitmenschen zu erkennen und zu verstehen.

Tipp Nummer 1: Sprechen Sie über Ihre Emotionen. Oftmals spiegeln wir das Verhalten unserer Mitmenschen unbewusst wider. Wenn Sie also über Ihre eigenen Gefühle und Emotionen sprechen, so signalisieren Sie Ihrem Gegenüber, dass Sie ihm vertrauen und sich wohl in seiner Gegenwart fühlen. Dies wiederum sorgt für eine angenehme und entspannte Atmosphäre und ein beidseitiges Vertrauen. Bedrängen Sie die andere Person jedoch nicht und achten Sie darauf, eine lockere Atmosphäre beizubehalten. Wer sich unter Druck gesetzt fühlt, über seine Gefühle zu sprechen und mehr von sich preiszugeben, als einem lieb ist, der verschließt sich schnell und ist schwierig zu lesen.

Tipp Nummer 2: Beurteilen Sie Ihre eigene emotionale Lage. Sind Sie gerade völlig gestresst und haben eigentlich keine Aufnahmemöglichkeiten für die Aussagen und Informationen Ihres Gegenübers? Dann kann es schnell vorkommen, dass Sie die Emotionen der anderen Person missverstehen oder falsch deuten, weil Sie selbst von Emotionen beeinflusst sind. Versuchen Sie, einen klaren Kopf zu haben und sich emotional positiv bis neutral zu fühlen. Sollte dies nicht der Fall sein, müssen Sie ein Treffen natürlich nicht absagen, sollten jedoch nicht zwanghaft versuchen, nach unterschwelligen Aussagen und Gefühlslagen zu graben.

Tipp Nummer 3: Seien Sie wertungsfrei. Selbst dann, wenn Sie die Emotionen Ihres Gegenübers nicht nachvollziehen können, sollten Sie versuchen, diese nicht positiv oder negativ zu bewerten oder sie mit anderen Sachverhalten im Leben der anderen Person in Zusammenhang zu bringen.

Erinnern Sie sich an die Unterseite des Eisbergs, die oft nicht einmal für uns selbst ersichtlich oder verständlich ist. Zwar kann eine außenstehende Person in manchen Fällen sogar besser beurteilen, wodurch bestimmte Emotionen zustande gekommen sein könnten, jedoch sollten Sie Ihrem Gegenüber nicht ungefragt Ihre Analyse aufs Auge drücken. In vielen Fällen wurde die Gesamtheit der Auslöser für eine Emotion noch nicht erkannt oder erkundet oder Ihre Vermutungen hindern Sie daran, Ihr Gegenüber von einem neutralen Sichtpunkt aus zu betrachten.

Tipp Nummer 4: Bauen Sie Vertrauen auf und finden Sie heraus, was bei Ihrem Gegenüber positive Emotionen auslöst. Stellen Sie sich vor, Sie sind von Beruf Autoverkäufer und Sie betreuen tagein, tagaus viele verschiedene Kunden. Nun entwickelt sich solch ein Verkaufsgespräch natürlich besser, wenn der Kunde gute Laune hat. Ihre Aufgabe besteht also darin, durch Gemeinsamkeiten ein vertrautes Verhältnis (soweit es dieser Rahmen zulässt) und Vertrauen aufzubauen. Solche Gemeinsamkeiten könnten Kleinigkeiten sein, beispielsweise ein Fußballverein, den Sie beide anfeuern und dessen Logo Sie auf der Tasche Ihres Kunden gesehen haben. Gleiche Hobbys, ähnliche politische Einstellungen oder Lebensumstände können Grundlage für ein interessantes Gespräch und eine kleine Vertrauensbasis sein, auf welcher Sie aufbauen und so eine angenehme und freundschaftliche Atmosphäre schaffen können. Dafür ist jedoch etwas Fingerspitzengefühl gefragt. Dieser Tipp eignet sich hervorragend für Small Talk mit fremden Personen, aber auch im engen Freundeskreis können Gemeinsamkeiten und ein Hervorrufen positiver Emotionen bei Ihrem Gegenüber zu einer Vertrauensbasis führen. Dies hilft Ihnen schlussendlich, die andere Person besser zu lesen und zu deuten und Ihr eigenes Verhalten auf Ihr Gegenüber abzustimmen.

Die Emotionen und Gefühle des Gegenübers zu lesen und zu deuten, ist nicht immer eine einfache Angelegenheit. Die gute Nachricht ist jedoch, dass Sie das Wahrnehmen der Emotionen Ihrer Mitmenschen täglich in vielen verschiedenen Situationen üben können. Dafür bedarf es keiner großen Planung oder Überlegung. Gehen Sie offen in Konversationen hinein und achten Sie auf die Äußerungen und das Verhalten des anderen. Versuchen Sie, zwischen den Zeilen zu lesen. Die Körperhaltung, Gestik und Mimik können Ihnen hierbei eine große Hilfe sein. Der folgende Exkurs behandelt deswegen kurz die Körpersprache des Menschen und wie man diese interpretieren kann.

Exkurs: Sichtbare emotionale Körpersprache

Die Emotionen einer Person lassen sich nicht nur an ihren Aussagen, sondern auch an ihrer sichtbaren Körpersprache erkennen. Dabei kann diese Körpersprache von Mensch zu Mensch verschieden stark und deutlich ausfallen. Einige Personen zeigen Ihre Gefühle wie ein offenes Blatt, während andere damit viel zurückhaltender und somit nur schwer zu lesen sind. Mit etwas Training Ihrer Beobachtungsgabe wird Ihnen das Lesen und Deuten der Körpersprache Ihres Gegenübers aber immer leichter fallen und mit der Zeit – und reichlich Übung – werden Sie sogar kleinste Anzeichen für versteckte oder überdeckte Emotionen erkennen können.

Das Gesicht: Wenn wir überrascht sind, vor Freude lachen müssen oder aufgrund von Trauer weinen, zeigen sich unsere

Emotionen oftmals ohne jeglichen Filter und überaus schnell. Auch unsere Stimme kann verraten, in welcher emotionalen Lage wir uns befinden. Gleichzeitig kann aber insbesondere die Mimik so trainiert und manipuliert werden, dass wir sie zu unseren Gunsten beeinflussen und unsere emotionale Lage hinter einer Art Maske verstecken können. Lesen Sie sich die folgenden Anzeichen von Emotionen in Bezug auf die Mimik und Stimme durch und überlegen Sie, welche Anzeichen Sie in der jeweiligen emotionalen Lage selbst präsentieren würden.

Freude und Glück:
Die Mundwinkel heben sich und der Mensch fängt an, leise oder laut zu lachen. Die Atmung wird tief und die Augen sind weit geöffnet.

Trauer:
Die Mundwinkel senken sich nach unten und der innenliegende Teil der Augenbrauen wird angehoben. Die Unterlippe wird heruntergezogen.

Ärger, Zorn und Wut:
Die Augenbrauen werden eng zusammengezogen und die Lippen zusammengepresst. Die Atmung beschleunigt sich und der Mensch spricht lauter und schneller als gewöhnlich.

Überraschung:
Die Augenbrauen werden angehoben und der Kiefer abgesenkt. Die Augen werden aufgerissen und oftmals steht der Mund in einem stummen „O“ offen.

Ekel und Abscheu:
Die Nase wird gerümpft und die Oberlippe an-gehoben.

Unsicherheit:
Der Blickkontakt wird gemieden und die Stimme ist leiser und höher als normalerweise. Der Redeanteil ist oftmals deutlich größer oder kleiner als im Normalfall.

Selbstsicherheit:
Es wird klar und deutlich gesprochen, der Kopf ist nach hinten gelehnt und das Kinn gehoben. Die Stimme wird tiefer.

Konnten Sie die Signale der Mimik und der Stimme nachvollziehen? Wie reagieren Sie in den jeweiligen emotionalen Lagen? Natürlich ist diese Aufzählung nicht allumfassend, beschreibt aber die wiederkehrenden Reaktionsmuster, die sich bei den verschiedensten Personen immer wieder auf die gleiche Weise zeigen. Vielleicht haben Sie erkannt, dass Sie einige Emotionen auf andere Art und Weise ausleben oder eine Person kennen, auf die einige der Beschreibungen überhaupt nicht zutreffen. Bei dieser Liste handelt es sich um eine grobe Übersicht. Ergänzen Sie sie also nach Belieben mit Ihren eigenen Beobachtungen und Analysen.

Um die volle emotionale Lage eines Menschen erfassen zu können, reicht es jedoch nicht aus, nur in das Gesicht zu schauen, denn dieses kann vom Gegenüber teils sehr stark kontrolliert und reguliert werden. Auch der Rest des Körpers kann Auskünfte über Gefühle, offene wie versteckte, geben, weswegen es sich lohnen kann, seinen Blick ab und an schweifen zu lassen.

Die Füße: Werfen Sie doch einmal einen Blick nach unten auf die Füße Ihres Gesprächspartners, denn die Position der Füße kann über die Gefühlslage des anderen einiges aussagen. Zeigen die Füße Ihres Gegenübers in Ihre Richtung, ist das häufig ein Anzeichen dafür, dass diese Person das Gespräch mit Ihnen genießt und generell eine Art Zuneigung für Sie empfindet. Zeigen die Füße der Person jedoch von Ihnen weg, heißt dies oftmals, dass sie das Gespräch lieber beenden und gehen würde. Das bedeutet nicht immer, dass die andere Person Sie nicht mag. In vielen Fällen sind Zeitdruck, Angst oder Stress Grund für diese Position der Füße. Überkreuzt Ihr Gegenüber die Füße beziehungsweise Beine im Stand, so können Sie davon ausgehen, dass Ihr Gesprächspartner sich wohl in Ihrer Gegenwart fühlt und Sicherheit und Entspanntheit ausstrahlen möchte.

Die Notwendigkeit für den Körper, Fluchtsignale zu senden, ist nicht gegeben.

Der Oberkörper: Beobachten Sie zudem den Oberkörper einer Person, ohne jedoch zu deutlich zu starren. Macht eine Person sich klein oder versteckt ihr Dekolleté, so bedeutet dies oftmals, dass sie sich unwohl fühlt und ein negatives Stimmungsbild aufweist. In vielen Fällen ist dieses Stimmungsbild aus Erfahrungen entstanden, die negativ waren. Diese Erfahrungen können in Ihrem Beisein gemacht worden sein, müssen es aber nicht. Wichtig für Sie ist es in solchen Fällen, die Unsicherheit des Gegenübers zu akzeptieren und die Person nicht zu bedrängen. Ein kleiner Tipp für Ihr Arbeits- und Berufsleben: Wenn Sie ein Ziel erreichen möchten, ist es entscheidend, Selbstsicherheit auszudrücken. Dies tun Sie mit einer offenen Körperhaltung. Machen Sie sich also groß und zeigen Sie eine aufgeschlossene Haltung.

Die Arme: Selbst die Arme eines Menschen können Auskunft über seine Emotionen geben. Sind die Arme angehoben oder gar nach oben gerichtet, kann von einer positiven Gefühlslage ausgegangen werden. Lässt eine Person ihre Arme jedoch hängen, so ist dies oftmals ein Zeichen für Unsicherheit oder Unterwürfigkeit. Erstarrt eine Person plötzlich und bleibt in ein und derselben Position stehen, ist dies häufig ein Anzeichen für Stress. Unsichere Personen neigen außerdem vermehrt dazu, die Arme vor der Brust zu verschränken. Die Körperhaltung einer selbstsicheren Person spiegelt sich im Kontrast dazu durch Hände wider, die hinter dem Kopf verschränkt sind, oder durch Hände, die in die Hüften gestemmt werden. Gesten, die die Körperfläche vergrößern, werden insbesondere im Berufsleben als Machtsignal wahrgenommen.

Die Hände: Wer sich auf dem Jahrmarkt seine Zukunft aus der Handinnenfläche hat lesen lassen, der mag zwar meinen, dass die Hände viel über eine Person aussagen können, dies ist im Sinne der Emotionen jedoch nicht immer der Fall. Dadurch, dass die Hände im Vergleich zum restlichen Körper relativ klein sind, werden ihre Signale schnell übersehen oder missdeutet. Wichtig für eine jede Konversation ist allerdings, dass Sie Ihre eigenen Hände offen zeigen und nicht verstecken. Stecken Ihre Hände in den Hosentaschen, fällt es Ihrem Gegenüber schwer, Vertrauen aufzubauen. Obwohl die Signale der Hände nicht immer leicht zu deuten sind, können einige Gesten dennoch relativ sichere Anzeichen für gewisse emotionale Lagen sein: Streicht sich eine Person immer wieder durchs Gesicht oder über die Arme, so versucht sie wahrscheinlich, sich von Stress oder Ärger zu befreien und sich zu beruhigen. Werden die Hände in einem Gespräch verknotet oder knibbelt die Person an Nägeln und Nagelbetten, so kann in vielen Fällen davon ausgegangen werden, dass sie sich unwohl fühlt und der Situation schnell entfliehen möchte.

Sie sehen also: Die Körpersprache eines Menschen kann einiges aussagen über die Emotionen und Gefühle, die sich in seinem Inneren abspielen. Unabhängig davon, wie sicher Sie sich über die emotionale Lage Ihres Gegenübers – aufgrund der Körpersignale oder akustischer Signale – sind, ist es stets ratsam, diese Erkenntnis dem anderen nicht aufs Auge zu drücken. Wie Sie bereits gelesen haben, sind wir selbst uns oft nicht im Klaren über unsere Emotionen, selbst wenn diese für Außenstehende sehr ersichtlich sein können. Darüber hinaus wirkt ein Ansprechen auf Schüchternheit, Trauer, Stress und ähnliche Emotionen schnell arrogant oder sogar verletztend auf die andere Person, insbesondere dann, wenn diese nicht über ihre negativen Emotionen sprechen möchte.

Die Folge kann ein Ausschluss aus der Konversation und der zwischenmenschlichen Beziehung sein, also das Gegenteil von dem, was Sie erreichen möchten. Gehen Sie es daher ruhig an und versuchen Sie, eine stabile Vertrauensbasis aufzubauen. Der Blick hinter die äußere Schale verlangt viel Disziplin und Arbeit, er lohnt sich aber auf lange Sicht.

EMOTIONEN ZUSAMMENFÜHREN UND BEEINFLUSSEN

In den letzten beiden Kapiteln haben Sie bereits erfahren, was es heißt, die eigenen Emotionen zu erkennen und zu deuten, und wie Sie die Emotionen Ihres Gegenübers schneller und besser verstehen können. Der nächste Schritt für eine hohe emotionale Intelligenz betrifft zunächst wieder nur Sie selbst und nicht Ihr Umfeld. In diesem Abschnitt lernen Sie nämlich, wie Sie negative Emotionen durch neutrale oder sogar positive Emotionen ersetzen können.

Stellen Sie sich vor, Sie sind unterwegs zu einem wichtigen Jobinterview und die Straßen sind voll. Sie kommen nur langsam voran, stehen immer wieder im Stau und als Sie endlich bei der Firma ankommen, trauen Sie Ihren Augen nicht: Da ist doch tatsächlich ein freier Parkplatz direkt vor der Eingangstür! Als Sie gerade in diese verheißungsvolle Lücke fahren möchten, zieht ein anderes Auto an Ihnen vorbei und stiehlt Ihnen ganz dreist den Parkplatz. Man würde meinen, dass solch ein Erlebnis den Verlauf unseres Lebens nicht beeinflussen kann, denn diese paar Sekunden können doch höchstens dafür sorgen, dass Sie zu spät zum Interview kommen, oder nicht? Tatsächlich können unsere Emotionen, die nach solch einem Erlebnis aufsprudeln können, dafür sorgen, dass Ihr Leben eine andere Wendung nimmt, als es ohne dieses Ereignis der Fall gewesen wäre.

Überlegen Sie, wie Sie wahrscheinlich reagieren würden. Viele Menschen würden sich extrem ärgern und vielleicht sogar das andere Auto anhupen oder dem Fahrer den Mittelfinger zeigen. Wir sind schließlich im Stress und viel zu spät, und das Interview ist so bedeutsam. Dazu kommt die Wut über die Dreistigkeit des anderen Autofahrers. Auch wenn in unmittelbarer Nähe ein anderer freier Parkplatz gefunden wird, ist es doch wahrscheinlich, dass der Ärger und der Stress sich bis zum Zeitpunkt des Interviews so sehr gesteigert haben, dass die Person aus ihrer schlechten Laune nicht mehr herauskommt. Dies spiegelt sich ebenfalls im Jobinterview wider, denn während diese Person normalerweise aufgeschlossen, fröhlich und kommunikativ ist, versucht sie heute stattdessen alles Mögliche, um ihre negativen Emotionen zu verdecken. Das Ergebnis: Die Person wirkt nicht authentisch, sondern nervös und unsicher. Somit kann solch ein kleines Ereignis wie ein unfreundlicher Autofahrer, der uns die Parklücke vor der Nase wegschnappt, dafür sorgen, dass wir Chancen und Möglichkeiten nicht mit unserem vollen Potenzial wahrnehmen und erfolgloser durchs Leben gehen, als wir es eigentlich tun könnten.

Verändern statt verdecken

Die Devise für Sie heißt in unangenehmen, stressigen und unschönen Situationen also: verändern statt verdecken! Dies bedeutet, dass Sie Ihre negativen Emotionen nicht durch andere Emotionen zu überdecken versuchen, denn das führt in der Regel dazu, dass Sie nicht als authentisch wahrgenommen werden, was Sie in einem ungünstigen Licht und sogar unsympathisch erscheinen lässt. Verwandeln Sie stattdessen Ihre negativen Emotionen in positive. Dies mag zunächst – insbesondere in den jeweiligen Situationen – unmöglich oder äußerst schwierig klingen. Mit reichlich Übung und Disziplin aber wird es Ihnen auf lange Sicht leichtfallen, aus stressigen oder anstrengenden Situationen ohne schlechte Laune hinauszugehen und die negativen Emotionen wie einen Mantel abzustreifen und hinter sich zu lassen. So können Sie unvoreingenommen und mit einer positiven Grundstimmung in neue Situationen hineingehen und Ihr volles Potenzial ausnutzen. Ihre innere Kraft und einige kleine und große Rituale können Ihnen bei dieser Transformation Ihrer Gefühle helfen und ausschlaggebend für eine starke Motivation in Ihrem Leben sein. Wandeln Sie also Ihre negativen Gedanken in positive um. Dieser Vorgang wird „Reframing" genannt und bedeutet so viel wie „neu einrahmen". Sie erkennen einen negativen Gedanken und deuten diesen so um , dass ein neuer, positiver Gedanke entsteht. So kann das Ende eines Arbeitsverhältnisses den Anfang für eine bessere Stelle darstellen und der Konflikt mit dem besten Freund kann eine neue und tiefgründige Konversationsebene bilden. Lesen Sie sich die Praxistipps und Übungen im nächsten Abschnitt aufmerksam durch und notieren Sie, was Ihnen wichtig erscheint und Ihnen im Alltag helfen kann.

Praxistipps und Übungen

Tipp Nummer 1: Selbstgespräche führen zu Selbsterkenntnis. Fangen Sie damit an, mit sich selbst zu reden. Das mag sich zunächst vielleicht etwas seltsam anfühlen, jedoch können Sie durchaus von Selbstgesprächen profitieren. Der Grund dafür ist simpel, denn während unsere Gedanken meistens nur flüchtig sind und uns sehr schnell durch den Kopf schießen können, erfordert die gesprochene Sprache Zeit. Wer Sätze über sich selbst und seinen Gemütszustand formuliert, der nimmt sich Zeit, alle Emotionen wahrzunehmen und zu benennen. Wenn Sie morgens also nur schlecht aus dem Bett kommen, weil Sie schon wieder so früh auf der Arbeit erscheinen müssen, dann kann ein kleiner Satz – an Ihr Spiegelbild gerichtet – wahre Wunder bewirken. Wenn Ihre Gemütslage sich zum Beispiel in der Aussage „Ich bin so müde und habe gar keine Lust auf die Arbeit" offenbart, so können Sie schnell die eigenen Emotionen erkennen und analysieren. Jetzt folgt der entscheidende Punkt: das Verändern Ihrer Emotionen. Auch dies können Sie einfach durch ein kurzes Selbstgespräch bewirken und zum Beispiel durch folgenden Satz Ihre Laune verbessern: „Ich gehe so früh arbeiten, um erfolgreich zu sein. Ich bin fleißig, zuverlässig und stark." Erinnern Sie sich immer wieder an Ihre Ziele und Wünsche und erzeugen Sie so durch positive Emotionen die nötige Motivation und andersherum. Sprechen Sie solche positiven Aussagen allerdings niemals einfach so aus, sondern legen Sie Gewicht in Ihre Worte. Überzeugen Sie sich selbst und versuchen Sie, die positiven Dinge in Ihrem Leben zu erkennen und sich auf diese zu konzentrieren. Wer sich selbst jeden Morgen positive Affirmationen zuspricht, der lässt positive Emotionen entstehen, was sich direkt auf das Nervensystem auswirkt und die täglichen

Entscheidungen zu unseren Gunsten beeinflusst. Diese Art der Selbstmotivation sorgt zusätzlich für viel Energie und bringt Sie an Ihr Ziel.

Tipp Nummer 2: Nutzen Sie die Macht der Musik. Dieser Tipp eignet sich vor allem für musikaffine Menschen. Wer positive Emotionen aus Musik ziehen kann, für den kann es sich lohnen, bei bedrückenden Emotionen bestimmte Lieder zu hören, die das Potenzial haben, das Innere zu öffnen und die Wogen zu glätten . Dabei kommt es ganz auf Sie selbst an, welche Lieder Ihnen in den jeweiligen Situationen guttun. Anstatt also nach einer als negativ wahrgenommenen Situation die Gedanken rasen zu lassen und sich die schlimmsten Szenarien auszumalen, sollten Sie lieber Ihr Lieblingslied anmachen und kurz herunterkommen, bevor die nächsten Hürden des Tages in Angriff genommen werden. Außerdem kann Musik Ihnen dabei helfen, die eigenen positiven Aussagen aus dem Selbstgespräch mit dem Spiegelbild besser zu verinnerlichen und in den Tag mitzunehmen, denn durch eine musikalische Untermalung können wir uns viele Daten, Fakten und eben auch die positiven Affirmationen besser merken.

Tipp Nummer 3: Orientieren Sie sich an Vorbildern. Während Sie diesen Ratgeber gelesen haben, sind Ihnen bestimmt schon Personen durch den Kopf geschossen, von denen Sie denken, dass sie eine eher niedrige oder aber eine sehr hohe emotionale Intelligenz besitzen. Konzentrieren Sie sich auf die Personen aus Ihrem Umfeld, die Ihrer Meinung nach eine hohe emotionale Intelligenz aufweisen. Wodurch zeichnen sie sich aus? Was machen diese Personen, im Umgang mit anderen Menschen, anders als Sie? Natürlich müssen Sie Ihr Verhalten und Ihren Charakter nicht vollständig verändern. Im Gegenteil: Bleiben Sie sich selbst treu! Es lohnt sich aber immer, den einen oder anderen Trick von emotional erfolgreichen Menschen zu erkennen und zu übernehmen.

Tipp Nummer 4: Erinnern Sie sich an Positives. Kennen Sie das Gefühl, ein Lied aus der Jugendzeit zu hören, das Ihnen lange nicht mehr zu Ohren gekommen ist? Musik kann Emotionen hervorrufen, die wir schon lange nicht mehr gefühlt haben, und uns in eine ganz andere Stimmung versetzen. Gleichermaßen können Bilder aus unserer Vergangenheit uns Freude bereiten oder zum Lachen bringen. Erinnern Sie sich also an alles Gute, was Ihnen in der Vergangenheit widerfahren ist. Dafür können Sie geliebte Musik anhören, Fotoalben durchblättern, sich mit Schulfreunden treffen oder Orte besuchen, an denen Sie schöne Erlebnisse hatten. Rufen Sie sich diese positiven Emotionen immer wieder ins Gedächtnis, wenn Sie drohen, von negativen Emotionen übermannt zu werden, und erleben Sie so eine ausgeglichene und lebensfrohe Version Ihrer selbst.

Tipp Nummer 5: Kommen Sie durch Meditation herunter. Wenn Sie dazu neigen, schnell aufbrausend oder gar cholerisch zu werden, dann kann sich die Meditation für Sie lohnen. Hierfür gibt es viele verschiedene Ratgeber und Methoden. Entscheidend ist, dass Sie sich Zeit nehmen, zur Ruhe zu kommen, und Ihre innere Mitte wiederfinden. Atmen Sie tief ein und aus und suchen Sie in Ihrem Inneren nach Gelassenheit und Kraft. Natürlich ist nicht immer die Situation gegeben, sich eine halbe Stunde im Schneidersitz hinzusetzen und zu meditieren, jedoch hilft eine regelmäßige Meditation in Ihrer Freizeit Ihnen dabei, in stressigen Situationen die Ruhe zu bewahren oder zumindest schnell wiederzufinden.

Tipp Nummer 6: Sprechen Sie vor anderen aus, was in Ihnen vorgeht. Unabhängig davon, wie hoch Ihre Selbstkontrolle ist und wie gut Sie Ihre Emotionen im Zaum halten können, kann es Ihrer Authentizität guttun, wenn Sie vor anderen Menschen über Ihre Emotionen reden. Stellen Sie sich vor, Sie und mehrere Kollegen stecken in einer sehr stressigen Phase eines Projekts. Sie können nun, durch Ihre emotionale Intelligenz, den Stress beiseiteschieben und durch positive Emotionen ersetzen. Auf Ihre Kollegen mag dieses Verhalten aber so wirken, als wäre Ihnen das Ergebnis egal oder als würden Sie die Arbeit nicht ernst nehmen. Reden Sie stattdessen über die Emotionen, die in Ihnen vorgehen. Solche Aussagen dürfen und sollen durchaus positiv sein, so können Sie zum Beispiel sagen: „Es ist zwar gerade sehr stressig, aber überlegt mal, was wir danach alles geschafft haben!“ So lassen Sie die anderen erkennen, dass der Stress nicht einfach so an Ihnen vorbeigeht, und können Ihre Kollegen gleichzeitig motivieren, um auch deren negative Emotionen zum Positiven zu verändern.

Selbst wenn Sie es nicht schaffen sollten, Ihre negativen Emotionen durch positive zu ersetzen, kann das Aussprechen Ihrer Gefühle ,oft hilfreich sein. Sprechen Sie Sätze aus wie beispielsweise:

→ Ich fühle mich missverstanden.
→ Ich ärgere mich über dieses Problem.
→ Ich fühle mich mit dieser Lösung nicht sehr wohl.
→ Ich bin frustriert, weil gerade nichts klappt.
→ Ich bin verärgert, weil ich nicht vorwärtskomme.
→ Ich fühle mich alleingelassen.

Üben Sie sich darin, Ihre Emotionen auszudrücken. Sie werden merken, welch positiven Reaktionen Sie von Ihrem Umfeld erhalten werden, denn nur, wer über seine Emotionen spricht, kann Empathie und Einfühlungsvermögen von anderen Menschen erwarten.

Tipp Nummer 7: Halten Sie Ihre Emotionen zurück. Diese Aussage könnte Sie jetzt vielleicht verwirren, denn gerade wurde noch davon gesprochen, über die eigenen Emotionen zu sprechen. Wie kann das jetzt zusammenpassen? Während es bei einigen Emotionen sinnvoll und wirkungsvoll ist, über diese zu sprechen, kann es in Bezug auf andere stark und rücksichtsvoll sein, wenn Sie sie nicht ausleben. Wer sich im Job zum Beispiel stets von Wut übermannen lässt oder regelmäßig in Tränen ausbricht, weil dieses oder jenes nicht funktioniert, der wird auf lange Sicht nicht als seriös wahrgenommen. Denken Sie immer daran, die Emotionsebene von der Sachebene zu trennen.

Tipp Nummer 8: Üben Sie sich in Selbstbeherrschung. „Da sehe ich nur noch rot!" – wer wütend ist, der reagiert in den wenigsten Fällen intelligent. Von all unseren Emotionen hat die Wut mitunter die größte Kraft, was sich dadurch zeigt, dass wir oftmals gerade in Situationen, in denen wir wütend sind, die Kontrolle verlieren, aggressiv werden oder sogar Schaden anrichten. Natürlich ist es absolut in Ordnung, wenn Sie gelegentlich wütend sind, dies ist völlig natürlich. Doch sollten Sie beobachten, wie oft Sie Wut verspüren und wie oft Sie diese ausleben. Erkennen Sie, wann Sie wütend werden, und erarbeiten Sie sich Bewältigungsstrategien, die Ihnen persönlich dabei helfen, die Wut nicht auszuleben und sie stattdessen durch andere Emotionen zu ersetzen.

Solche Bewältigungsstrategien können sein:

- ✓ zehn Mal bewusst tief durchatmen
- ✓ einmal um den Block laufen
- ✓ Sport machen und Energie verbrauchen
- ✓ den Lieblingssong anmachen und abschalten

Tipp Nummer 9: Verdrängen Sie Ihre Emotionen nicht. Die negativen Emotionen durch positive zu ersetzen, bedeutet niemals, dass Sie die negativen Emotionen gar nicht ausleben und verdrängen sollten. Seien Sie sich der unangenehmen Gefühle bewusst und leben Sie diese aus, wenn Sie das Gefühl haben, dass dies notwendig ist. Wer zum Beispiel nach einem Todesfall die Gefühle der Trauer verdrängt und sich mit positiven Dingen versucht abzulenken, der wird zukünftig an tiefgehenden emotionalen Problemen leiden, denn auch unsere Seele kann Verletzungen erfahren, die es zu heilen gilt. Ignorieren Sie also niemals Ihre Gefühle, auch dann nicht, wenn Sie sich für das Verarbeiten einiger Emotionen mehr Zeit nehmen müssten, als Ihnen lieb ist.

Exkurs: Der Motivator Angst

Ein jeder Mensch empfindet Angst. Angst vor Spinnen, Angst vor Clowns, Flugangst, Platzangst, Zukunftsangst und so weiter und so fort. Unsere Ängste haben sich tatsächlich über die Jahrtausende hinweg verändert. Während die Menschen in der Steinzeit noch Angst hatten, wortwörtlich gefressen zu werden, spielen sich unsere Ängste heute vorwiegend im Kopf ab. Die sozialen und persönlichen Ängste stellen somit in den meisten Fällen keine unmittelbare Bedrohung mehr dar, sondern sind eher Probleme, die ihren Ursprung in unserem Kopf haben und von uns ungern behandelt werden. Dadurch, dass wir Menschen ständig danach streben, uns gut zu fühlen, meiden wir die Konfrontation mit unseren Ängsten, denn das würde ja bedeuten, dass wir Aufregung und Stress erleben müssten.

Da Ängste in den meisten Fällen allerdings einzig und allein in unserem Kopf zu finden sind, können wir diese auch selbst beeinflussen. Wir können uns sogar von unseren Ängsten motivieren lassen, denn wenn wir uns ihnen stellen, können wir persönlich wachsen. Rein evolutionär betrachtet haben Ängste in unserem Leben die Funktion, uns zu schützen. Die Angst vor Höhen schützt uns davor, versehentlich vom Gipfel zu stürzen. Die Angst vor der Dunkelheit lässt uns in der Nacht und in Situationen, die wir aufgrund der Dunkelheit nicht einschätzen können, vorsichtiger handeln. In unserer heutigen Gesellschaft sind viele dieser Ängste jedoch unbegründet und reine Kopfsache. Und wer stets vor seinen eigenen Ängsten davonläuft und sich diesen nicht stellt, der kann sich auch menschlich nicht weiterentwickeln. Wer hingegen seine Ängste konfrontiert, der stellt sich unangenehmen und angstbehafteten Situationen.

Das Ergebnis ist, dass der Mensch sich an seine Angst gewöhnt und lernt, mit ihr umzugehen. Im Idealfall kann eine Angst sogar als unbegründet erkannt und überwunden werden. Doch selbst in dem Fall, in dem die jeweilige Angst nicht überwunden wird, macht es Sie stärker, sich ihr zu stellen und sich nicht von Ängsten einschränken zu lassen, die lediglich in Ihrem Kopf existieren. Lassen Sie sich von Ihren Ängsten also nicht einschränken und herunterziehen, sondern nutzen Sie sie als Motivation und Ansporn.

Denken Sie einmal nach und überlegen Sie, wovor Sie Angst haben. Welche Situationen sorgen dafür, dass Sie lieber die Beine in die Hand nehmen und ganz weit wegrennen würden? Solche Ängste müssen nicht immer Ängste sein, die bekannt sind. Stattdessen gehören auch Alltagsprobleme und -konflikte zu den Ängsten und Sorgen, die uns jeden Tag einschränken. Vielleicht finden Sie sich ja in einer der nachstehenden Ängste und Sorgen wieder:

- Es besteht ein Streit mit Familienmitgliedern oder Arbeitskollegen, der gelöst werden muss.
- Sie trauen sich nicht, Ihren Chef nach einer Gehaltserhöhung zu fragen.
- Sie möchten Ihrem Schwarm Ihre Gefühle offenbaren, haben jedoch Angst, dass er diese nicht erwidert.
- Sie möchten eine Beziehung beenden.
- Sie müssen sich für etwas entschuldigen.
- Sie wollen die Sicherheit Ihres Jobs verlassen, um sich beruflich weiterzuentwickeln, haben jedoch Angst vor einem Misserfolg.

Wie Sie sehen können, sind diese Beispiele Probleme, die jeden betreffen könnten und von außen betrachtet eventuell nicht so schlimm wirken.

Viele unserer Ängste werden von uns selbst viel größer gemacht, als sie eigentlich sind. Stellen Sie sich doch nur vor, Sie haben Ihren Chef endlich nach einer Gehaltserhöhung gefragt. Wie toll muss das Gefühl sein, diese zugesagt bekommen zu haben? Ihr Mut hat sich gelohnt. Und selbst wenn Ihr Chef die Anfrage ablehnt, können Sie doch mehrere wichtige Erkenntnisse gewonnen haben, zum Beispiel, dass Sie in dieser Firma nicht geschätzt werden, oder Sie haben hilfreiche Tipps bekommen, was Sie für eine Erhöhung Ihres Gehalts tun können. Unabhängig davon, wie das Endergebnis Ihrer Angstbewältigung ausfällt, können Sie einen unangenehmen Punkt mehr von Ihrer Liste streichen, der Sie ansonsten nur weiterhin zurückgehalten und eingeschränkt hätte. Befreien Sie sich von Ihren Ängsten und lassen Sie sich von diesen motivieren, um das Beste aus einer jeden Situation zu machen.

Empathie und zwischenmenschliche Beziehungen

Der Begriff „Empathie" beschreibt die Fähigkeit und Bereitschaft eines Menschen, die Emotionen, Empfindungen, Gedanken sowie Motive des Gegenübers nicht nur zu erkennen und zu verstehen, sondern auch nachzuvollziehen.[10] Im allgemeinen Volksmund ist das Wort „Empathie" gleichzusetzen mit dem Begriff „Einfühlungsvermögen".

Wer empathisch ist, besitzt die Fähigkeit, auf angemessene Weise auf die Emotionen und Gefühle fremder und vertrauter Menschen zu reagieren und somit Emotionen wie Trauer oder Schmerz zum Teil mitfühlen zu können. Mitleid oder Hilfsbereitschaft sind hierbei nur zwei Reaktionen, die aus der Empathie entstehen können.

Zwar liegt es nahe, Mitgefühl ebenfalls mit der Empathie gleichzusetzen, jedoch wurde in der Hirnforschung herausgefunden, dass es einen deutlichen Unterschied zwischen diesen beiden Konzepten gibt. Die Neurowissenschaftlerin

---

[10] Empathie. In: Dorsch: *Lexikon der Psychologie*. Hogrefe Verlag, Göttingen 2017.

Tania Singer führte zum Beispiel Experimente zum empathischen Miterleiden der Schmerzen fremder Menschen durch. Sie beobachtete, dass das empathische Empfinden des Schmerzes der fremden Person in einem anderen neuronalen Netzwerk zu erkennen ist als das Mitgefühl, welches aktiv und wohlwollend sein kann.[11] Stellen Sie sich Empathie wie einen Regentropfen vor, der in eine Pfütze fällt: Die Welle, die durch diesen Tropfen in Bewegung gebracht wird, schwappt unaufhörlich auf Sie zu. Je größer Ihr Empathie-Empfinden ist, desto näher stehen Sie am „Epizentrum" der Pfütze und desto stärker ist Ihre eigene Reaktion auf den Schmerz oder das Gefühl, welches vom anderen ausgeht. Das Teilen dieses Gefühls oder dieser Gefühle zwischen zwei Menschen kann in einigen Fällen sogar dafür sorgen, dass die nicht betroffene Person sich überwältigt fühlt oder in empathischen Stress gerät.

Mitgefühl hingegen lässt sich am besten durch zwei Räume beschreiben, die durch eine Tür miteinander verbunden sind. Sie sitzen in einem Raum, während die andere Person in dem anderen Raum sitzt. Durch die Tür gelangen Sie zur anderen Person und können die Gefühle Ihres Gegenübers durch Worte und Taten verändern. Zwar erkennen Sie die Gefühle des anderen und verstehen diese, empfinden sie jedoch nicht selbst. Das heißt auf keinen Fall, dass das Mitgefühl schlechter zu bewerten ist als die Empathie. Vielmehr entspringt das Mitgefühl der Vernunft, wie der US-amerikanische Psychologe Paul Bloom feststellte: „Empathie heißt: Ich fühle das, was ein anderer Mensch fühlt.

---

[11] Singer, Tanja und Matthias Bolz: *Mitgefühl in Alltag und Forschung*. Max-Planck-Institut, München 2013.

Mitgefühl bedeutet: Ich kümmere mich um den anderen, ich sorge für ihn."[12]

Das Konzept der Empathie wurde vom US-amerikanischen Anthropologen und Psychologen Paul Ekman um zwei weitere Attribute erweitert: die kognitive und die emotionale Empathie. Die kognitive Empathie hilft uns zu verstehen, was der andere fühlt, während die emotionale Empathie uns einen kleinen bis großen Bruchteil von dem fühlen lässt, was unser Gegenüber fühlt.[13] Darüber hinaus lässt sich bei der Empathie zwischen authentischer und funktionaler Empathie unterscheiden. Der US-amerikanische Psychologe Arthur Ciaramicoli erklärte diesen Unterschied damit, dass die authentische Empathie mit einem höheren affektiven Anteil einhergeht und eine stärkere Tendenz zu prosozialem Verhalten aufweist als die funktionale Emphathie. Die authentische Empathie bezeichnet also die Reaktion des emotionalen Mitfühlens und Miterlebens von Emotionen, während die funktionale Empathie eher ein Einfühlen in die Emotionen des Gegenübers beschreibt: Wer funktional empathisch ist, der kann die Emotionen des anderen verstandesgemäß nachvollziehen, jedoch trotzdem eine gewisse emotionale Distanz wahren. Der Beruf des Therapeuten setzt zum Beispiel eine hohe funktionale Empathie voraus, aber auch in der Manipulation durch Werbung ist die funktionale Empathie zu finden. Schlussendlich kann diese Art der Empathie sogar

[12] Bloom, Paul. Against Empathy: *The Case for Rational Compassion.* Ecco, 2017.

[13] Ekman, Paul. *Gefühle lesen.* München 2007, S. 249.

missbraucht werden und in Handlungen des Sadismus, des Missbrauchs und der Folter gefunden werden. [14]

Die Empathie eines Menschen baut grundsätzlich immer auf der eigenen Selbstwahrnehmung, also auf der Selbsterkennung und Selbstreflexion, auf. Je stärker die Selbstwahrnehmung ausgebaut ist, desto empathischer ist eine Person. Die Empathie spielt in vielen Lebensbereichen unserer Gesellschaft eine Rolle: in der Pädagogik, Pflegewissenschaft, Medizin und Sprachwissenschaft, in der Kriminalistik sowie im Management und Marketing.

In diesem Kapitel erfahren Sie nicht nur, was es bedeutet, empathisch zu sein, sondern auch, wie Sie Ihr eigenes Empathie-Empfinden erkennen und steigern können. Darüber hinaus lernen Sie mehr über die Techniken der professionellen Gesprächsführung und wie Ihnen ein hohes Empathie-Empfinden im Alltag wie auch im Beruf zu größerem Erfolg verhelfen kann.

Erlernen Sie Empathie

Wer ein hohes Empathie-Empfinden besitzt, der ist auch emotional sehr intelligent. Dieser Satz lässt sich allerdings genauso gut umdrehen und verliert seinen Sinn dennoch nicht, denn emotionale Intelligenz und Empathie sind fest miteinander verbunden. Das eine kann nicht ohne das andere existieren oder wachsen. Menschen mit einer ausreichenden bis hohen Empathiefähigkeit können angemessen auf die Gefühle

---

[14] Ciaramicoli, Arthur und K. Ketcham: *Der Empathie Faktor.* DTV, 2001, S. 147 ff.

des Gegenübers reagieren und diese leicht nachvollziehen. Darüber hinaus haben empathische Menschen in der Regel die Mittel, ihrem Gegenüber zu helfen, sei es durch die passenden Worte oder benötigten Taten. Das Verstehen der eigenen Gefühle und des eigenen Charakters lässt sich durch ein hohes Empathie-Empfinden ebenfalls verbessern und stärken: Die Empathie und die Selbstreflexion sind sehr eng miteinander verbunden.

Grundsätzlich ist Empathie in jedem Menschen, zumindest zum Teil, verankert und kann sich weiterentwickeln und wachsen. Je mehr Sie sich also mit Ihrer emotionalen Intelligenz beschäftigen, desto mehr werden Sie über Ihre eigenen Emotionen sowie die Emotionen Ihrer Mitmenschen lernen und desto mehr wächst Ihre Empathie. Ein sehr starkes Empathie-Empfinden kann für Ihr Leben viele Vorteile aufweisen, besitzt jedoch ebenso eine Schattenseite: Es kann vorkommen, dass Sie zu stark mitfühlen und die Emotionen Ihrer Mitmenschen Sie fernab des Treffens noch weiter beschäftigen. Dies ist nicht unbedingt schlecht für Sie, kann jedoch Anstrengung und Erschöpfung mit sich bringen. Denken Sie in diesem Kontext also zurück an die emotionale und funktionale Empathie und erinnern Sie sich daran, dass es in vielen Situationen nicht verwerflich ist, funktional empathisch zu sein. Dies bedeutet lediglich, dass Sie nicht alle Emotionen und Aussagen des Gegenübers zu nah an sich heranlassen, sondern immer noch sachlich über die jeweilige Thematik urteilen können. Zwischen der funktionalen und emotionalen Empathie zu unterscheiden und bewusst eine der beiden Arten zu wählen , ist nicht leicht zu erlernen und bedarf einiger Übung. Machen Sie sich in Situationen, in denen Ihre eigenen Gefühle drohen, Sie zu übermannen, bewusst, dass nicht Sie in der jeweiligen Situation stecken, sondern dass Sie lediglich als Hilfe mit Verständnis und Rat zur Seite stehen. Wenn Sie sich mit vielen Menschen umgeben, zum Beispiel eine große Familie haben, viele Freunde besitzen oder in einem großen Arbeitsumfeld arbeiten, wird von Ihnen eine Menge Empathie erwartet, denn in so gut wie jeder zwischenmenschlichen Kommunikation wird zumindest ein Bruchteil unserer Empathie verlangt.

In den nachfolgenden Praxistipps und Übungen finden Sie daher Tipps, mit denen Sie nicht nur Ihre Empathiefähigkeit steigern können, sondern mit denen Sie auch lernen können, funktional empathisch zu sein und zwischen emotionaler und funktionaler Empathie zu unterscheiden und zu wählen.

Nun haben Sie einiges darüber gelesen, was eine hohe Empathiefähigkeit bei Ihnen selbst bewirkt, und erkannt, dass es nicht ausschließlich angenehm ist, viel Empathie zu empfinden. Dennoch ist es ein großer Vorteil, empathisch zu sein und sich in die Gefühle und Emotionen des Gegenübers hineinversetzen zu können. Verschließen Sie sich also nicht vor dem Erkennen und Mitfühlen der Gefühle anderer. Die Empathie kann uns dabei helfen zu verstehen, wieso andere Menschen so agieren, wie sie agieren. Dies lässt uns nicht nur toleranter wirken, es macht uns letztendlich auch toleranter. Stellen Sie sich folgende Situation vor: Ihr bester Freund sagt das Treffen mit Ihnen ab, welches bereits wochenlang geplant war. Die Begründung: Der Hund Ihres Freundes wurde am Morgen desselben Tages von einem Auto angefahren und erlag seinen Verletzungen. Menschen, die ein niedriges Empathie-Empfinden besitzen, können die Trauer des Gegenübers nicht unbedingt nachvollziehen und konzentrieren sich nicht auf das Versterben des geliebten Haustieres, sondern auf die Absage des langersehnten Treffens. Menschen wiederum, die stark empathisch sind, können sich schnell in die Situation des anderen einfühlen und auch, wenn sie kein eigenes Haustier besitzen, verstehen, dass das Versterben des Hundes mit einer großen Trauer zusammenhängt. Empathiefähige Menschen können somit einfacher nachvollziehen, wieso der verstorbene Hund, welcher zwar nicht mehr die Zeit des besten Freundes in Anspruch nehmen kann, dennoch die Priorität über das Treffen mit Ihnen selbst hat. Je nachdem, wie empathisch Sie also sind, kann dieses Gespräch verschiedene – positive oder negative – Verläufe annehmen und in einer Stärkung Ihrer Freundschaft oder in einem Bruch zwischen Ihnen und Ihrem besten Freund enden. An dieser Stelle muss angemerkt werden, dass es sich bei den beiden beschriebenen Reaktionsmöglichkeiten selbstverständlich um Überspitzungen handelt. Die Empathiefähigkeit eines Menschen kann nicht einfach mit „hoch" oder „niedrig" beschrieben werden, es handelt sich eher um eine feine Skala mit vielen Abstufungen. Außerdem sorgen eigene Berührungspunkte in bestimmten Themenbereichen für eine höhere Empathiefähigkeit in dem jeweiligen Bereich. Gehen wir noch einmal zu dem Beispiel mit dem Hund zurück. Eine Person, die ein geringes Empathie-Empfinden hat, wird in dieser Situation nicht unbedingt nachvollziehen können, wieso das Treffen abgesagt wurde. Besitzt diese Person mit niedrigem Empathie-Empfinden jedoch selbst ein Haustier oder sogar einen Hund, so kann in den meisten Fällen davon ausgegangen werden, dass diese nicht-empathische Person die Problematik dennoch besser verstehen und besser mit dem trauernden Freund umgehen kann, als wenn sie kein Haustier besäße.

In der zwischenmenschlichen Kommunikation kann Ihre Empathiefähigkeit einiges bewirken. Grundsätzlich ist es so, dass sich in der Kommunikation zwischen zwei Menschen immer die stärkere Emotion durchsetzt. Wenn sich nun ein schlecht gelaunter oder trauriger Mensch mit einem Menschen trifft, der die beste Laune seines Lebens hat, so ist davon auszugehen, dass die gute Laune der zweiten Person sich im Laufe des Gesprächs durchsetzen und dieses dominieren wird.

Je empathischer Sie sind, desto einfacher fällt es Ihnen, die negativen Emotionen Ihres Gegenübers mit Ihren positiven Emotionen zu dämpfen, ohne jedoch diesem das Gefühl zu vermitteln, seine schlechte Stimmung nicht ernst zu nehmen. Personen mit viel Empathie haben also die Möglichkeit, die Stimmung und Laune anderer in Gesprächen zu beeinflussen.

Praxistipps und Übungen

Tipp Nr. 1 – Verstehen bedeutet nicht, einverstanden zu sein. Denken Sie daran, dass Empathie Ihnen hilft zu verstehen, wieso der andere so handelt, wie er handelt. Sie können die Motive hinter seinem Handeln erkennen und nachvollziehen. Dies bedeutet aber nicht, dass Sie deswegen mit seiner Handlung einverstanden sein müssen. Die Empathie kann Ihnen somit bei der Lösung von Konflikten und Problemen helfen, denn während Sie die Ursache und die Motivation einer Person verstehen und nachvollziehen können, haben Sie dennoch einen klaren Kopf, um verschiedene Lösungswege zu erkennen und zu bewerten.

Tipp Nr. 2 – Versuchen Sie, nicht zu bewerten. Wir müssen nur einen Blick in unsere Social-Media-Accounts auf dem

Smartphone werfen oder einen Schritt auf die Straße gehen und schon fangen wir damit an, alles und jeden zu bewerten. Dies tun wir in der Regel nicht bewusst, aber oftmals gerne. Wir bewerten das Aussehen anderer, ihr Verhalten, ihre Eigenschaften und vieles mehr. Versuchen Sie in Zukunft, andere – insbesondere ihr Verhalten und ihre Eigenschaften– nicht mehr mit Attributen wie „korrekt und unkorrekt", „höflich und unhöflich", „brav und frech", „humorvoll und ernst" etc. zu bewerten.

Obgleich diese Bewertungen lediglich in unserem Kopf zu finden sind, schränken uns diese Kategorisierungen unserer Mitmenschen doch stark ein und sorgen dafür, dass wir nicht wertungsfrei in Konversationen gehen können. Sie bewerten Ihren Mitarbeiter als schüchtern und verschlossen, weil er zurückhaltend ist und in Gruppen nur selten das Wort ergreift. Was Sie jedoch nicht wissen, ist, dass seine langjährige Freundin die Beziehung mit ihm beendet hat, kurz bevor er den Job in Ihrer Firma begann. Dadurch, dass Sie Ihren Kollegen als schüchtern und verschlossen kategorisiert haben, werden Sie in zukünftige Unterhaltungen mit ihm anders hineingehen, als sie es tun würden, wenn Sie wertungsfrei wären oder Ihr Gegenüber als aufgeschlossen und extrovertiert kategorisiert hätten. Andersherum ist eine Person, die laut ist und viele Witze macht, nicht automatisch ein extrovertierter Spaßvogel. Es kann genauso gut sein, dass diese Person momentan durch eine traumatische Phase geht und die negativen Emotionen mit Humor kompensieren möchte. Wenn Sie auf ebendiese Person dann mit der Erwartung zugehen, dass sie immer lustig und gut gelaunt ist, könnten Sie schnell von tiefliegenden, schweren Emotionen überrascht werden und Ihr Gegenüber durch unsensible

Aussagen verletzen. Versuchen Sie also, Ihre Mitmenschen so wenig wie möglich zu bewerten oder zumindest wertungsfrei in den zwischenmenschlichen Kontakt zu treten. So halten Sie sich alle Möglichkeiten offen und können die andere Person genau so kennenlernen, wie diese wirklich ist, ohne von eigenen (Vor-)Urteilen voreingenommen zu sein.

Tipp Nr. 3 – Lassen Sie den anderen reden. Empathie zu erlernen bedeutet, dem Gegenüber Redezeit zu schenken und aufmerksam zuzuhören. Während ein Großteil der Menschen redet, um sich zu profilieren und anderen mitzuteilen, wie erfolgreich, gutaussehend oder toll sie sind, besitzen nur wenige Menschen die Fähigkeit wirklich zuzuhören: Mit „Zuhören" ist nicht gemeint, dass ein Satz angehört und mit einem eigenen Satz darauf reagiert wird. Richtiges Zuhören bedeutet: schweigen und ausreden lassen. Um jemanden zu verstehen, müssen wir ihm erst zuhören. Wer seinen Gesprächspartner bereits nach zwei Sätzen unterbricht und anfängt, von seinen eigenen Erlebnissen zu erzählen, der sieht nicht das ganze Bild und verhält sich darüber hinaus nicht sonderlich höflich. Das aktive Zuhören ist ein sehr wertvolles Geschenk, das wir unseren Mitmenschen bereiten können.

Tipp Nr. 4 – Zeigen Sie Interesse. Wir alle haben unsere Sorgen und Probleme: Stress auf der Arbeit, Streit mit dem Nachbarn oder Überforderung in der Familie. In vielen Bereichen müssen wir funktionieren, was sich auch in unseren Konversationen widerspiegelt. Der Paartherapeut Michael Lukas Moeller fand durch Studien heraus, dass Paare am Tag maximal drei Minuten lang miteinander kommunizieren .[15]

---

[15] Moeller, Michael Lukas: *Die Wahrheit beginnt zu zweit: Das Paar-Gespräch.* Rowohlt Taschenbuch, 2010.

Thematisch geht es in diesen paar Minuten nicht um Dinge wie Liebe, Interessen oder Lob , sondern um die alltägliche Organisation: „Hast Du Milch eingekauft?“, „Der Hund muss heute noch einmal Gassi gehen.“, „Kannst Du Deine Tochter gleich zum Tanzunterricht bringen?“ Gleichermaßen geht es oftmals auch in der Kommunikation mit den Kindern weiter: „Ist Deine Schultasche gepackt und hast Du schon die Zähne geputzt?“ Hierbei handelt es sich schlussendlich aber um die Organisation Ihres Alltags und nicht um die Pflege Ihrer Beziehungen.

Starten Sie Konversationen mit Familienmitgliedern, Freunden und Arbeitskollegen also lieber mit Sätzen wie:

- Wie geht es Dir?
- Freust Du Dich auf Deinen Feierabend? Was hast Du Schönes vor?
- Was hast Du heute in der Schule erlebt?
- Was bewegt Dich momentan?
- Welche Musik hörst Du gerade gerne? Hast Du momentan ein Lieblingsbuch, worum geht es darin?

Wir zeigen unsere Empathie nicht nur durch unser Mitgefühl oder unsere direkten emotionalen Reaktionen auf die Aussagen des Gegenübers, sondern auch durch das Auflebenlassen von Erlebnissen und Erinnerungen. In der Wissenschaft wird dieses Vorgehen, Erinnerungen zu pflegen und ins Gedächtnis zu rufen, „Memory Talk“ genannt. Dieser Memory Talk kann uns dabei helfen, sichere und feste Bindungen zu unseren Mitmenschen zu bilden, was uns wiederum bei der Stärkung unserer Empathiefähigkeit hilft.

Tipp Nr. 5 – Hören Sie aktiv zu. Saredenso ist esie müssen während eines Gesprächs nicht still und stumm dasitzen und sich im schlimmsten Fall langweilen. Dass Sie Ihr Gegenüber ausreden lassen, heißt nicht, dass Sie einen passiven Part in der Konversation einnehmen müssen. Vielmehr bedeutet das aktive Zuhören, dass Ihr Gegenüber das Gefühl bekommt, verstanden zu werden und mit Ihnen jemanden gefunden zu haben, der für ihn da ist. Aktiv zuzuhören bedeutet letztlich nichts anderes, als dem anderen – ohne große Unterbrechungen oder Geschichten über das eigene Leben – aufmerksam zuzuhören und im Anschluss in eigenen Worten zusammenzufassen, was Ihr Gegenüber erzählt hat.
Dies mag sich zunächst seltsam anfühlen, wie eine Präsentation in der Schulklasse, jedoch gibt dieses Wiederholen Ihrem Gegenüber das Gefühl, dass Sie sich wirklich für seine Situation interessieren und für ihn da sind. Wer sich außerdem darauf konzentriert, aktiv zuzuhören, und im Kopf bereits eine kleine Zusammenfassung des Erzählten bastelt, der hat weniger Zeit, in seine bisherigen Gesprächsmuster zu fallen und so zum Beispiel erraten zu wollen, was als Nächstes passiert, oder über bestimmte Aspekte zu urteilen. Da das aktive Zuhören ein etwas komplexeres Konzept ist, finden Sie nachfolgend ein kleines Beispiel für eine Unterhaltung mit einem Konversationspartner, der aktiv zuhört:

A: „Wir haben gestern eine Fahrradtour gemacht und sind 30 Kilometer weit bis an unseren Lieblingswald gefahren. Dort hatte das Fahrrad meines Mannes auf einmal einen Platten und es hat angefangen zu gewittern. Da es aber so warm war, hatten wir trotzdem unseren Spaß!“

B: „Das hört sich ja an wie eine abenteuerlustige Reise mit glücklichem Ende."

Beim aktiven Zuhören geht es nicht darum, detailliert aufzuzählen, was der andere berichtet hat. Vielmehr geht es darum, zu verstehen zu geben, dass Sie der Erzählung aufmerksam gefolgt sind, interessiert daran sind und verstanden haben, was Ihr Gegenüber Ihnen mitteilen wollte.

Tipp Nr. 6 – Spiegeln Sie Emotionen wider. Obgleich wir Empathie mit vielen Mitteln hervorrufen und teilweise sogar künstlich „fabrizieren" können, ist die wichtigste Grundlage für Empathie doch unsere Gefühlswelt. Nicht alles lässt sich einfach in Worte fassen und dort, wo wir mit der Sprache nicht mehr ausdrücken können, was wir der Welt mitteilen möchten, müssen wir uns manchmal auf unsere Gefühle und das Ausdrücken dieser Gefühle verlassen. Von Geburt an sind wir übrigens darauf ausgerichtet, emotionale Resonanz von unserem Umfeld zu erlangen. Das bedeutet, dass wir mit unseren Emotionen erreichen möchten, dass unsere Mitmenschen diese verstehen und widerspiegeln oder verändern. Ein weinender Säugling will mit seinem Weinen unbewusst erreichen, dass er getröstet wird. Lacht ein Säugling seine Mutter an, so möchte er, dass diese zurücklächelt. Schaut sie ihn stattdessen mit versteinertem Gesicht an, so passiert es in den meisten Fällen, dass der Säugling anfängt zu weinen.[16] Auch wenn wir keine Säuglinge, sondern erwachsen sind, wollen wir oftmals erreichen, dass unsere Aussagen eine emotionale Reaktion beim Gesprächspartner auslösen. Versuchen Sie also, mit den Gefühlsschwingungen des anderen mitzugehen.

---

[16] Tronick, Edward: *The Neurobehavioral and Social-Emotional Development of Infants and Children*. New York, 2007.

Erzählt Ihr Gegenüber gerade eine spannende Geschichte, ist es ohnehin nicht abwegig, dass sich Überraschung oder Spannung in Ihrer Mimik zeigt. Unterdrücken Sie dies nicht, denn es zeigt der anderen Person, dass Sie wirklich Anteil nehmen an ihrer Geschichte. Im Gegenzug wird keinerlei Empathie vermittelt, wenn Sie Freude ausstrahlen und lachen, während Ihr Gegenüber gerade etwas Trauriges erzählt, oder wenn Ihr Gesprächspartner sehr wütend ist und Sie ruhig und gelassen danebensitzen und zuhören. Versuchen Sie, mit den spürbaren Gefühlsschwingungen mitzugehen und so ein gutes Empathieverhältnis aufzubauen.

Tipp Nr. 7 – Vermuten Sie empathisch. Zwar sollten Sie grundsätzlich niemals eine Erzählung des Gegenübers unterbrechen, weil Sie einen bestimmten Aspekt erraten haben oder vermuten können, wie die Geschichte ausgeht, jedoch gibt es eine Art der Vermutung, die Sie auch empathisch weiterbringen kann: das empathische Vermuten. Dieser Begriff klingt womöglich seltsam, bezeichnet aber nichts anderes als das Erfragen von Gefühlen. Ein paar kleine Beispiele:

- Bist Du traurig, weil Du die Prüfung in den Sand gesetzt hast?

- Bist Du wütend, weil Du das Gefühl hast, dass Dir keiner zuhört?

- Das Date mit Deinem Freund gestern hat Dich aber glücklich gemacht, was?

Im Alltag ist es nicht immer einfach, Gefühle mit Bedürfnissen zu verbinden. Es genügt jedoch schon, wenn Sie einfach nachfragen, ob jemand traurig, fröhlich, enttäuscht oder wütend ist. Oftmals möchte das Gegenüber lediglich verstanden werden und freut sich, wenn Sie die richtigen empathischen Vermutungen anstellen.

Exkurs: Gespräche führen wie ein Profi

Menschen mit einer hohen emotionalen Intelligenz neigen dazu, sich gut und einfach vernetzen zu können. Das bedeutet, dass diese Personen keine Schwierigkeiten haben, Smalltalk zu betreiben, aber auch tiefgründige Gespräche führen und aufrechterhalten können. Gleichzeitig bedeutet das, dass diese Menschen sich schnell und unkompliziert mit fremden Menschen anfreunden und eine Verbindung herstellen können. Dies führt schlussendlich dazu, dass diese Personen auf ein großes Netzwerk an Bekanntschaften und Freundschaften bauen können. Die sogenannten Netzwerker sind erfolgreicher und glücklicher im Job und im Privatleben. Auch Sie können sich zukünftig zu der Gruppe der Netzwerker zählen, denn alles, was Sie dafür benötigen, ist das Interesse an Menschen und ausgereifte Gesprächsführungskompetenzen. Während allerdings das Interesse an Menschen von Ihnen kommen muss und kaum erlernt werden kann, ist es möglich, Ihre Gesprächsführungskompetenzen aufzubauen und zu verbessern.

Überlegen Sie, ob die folgenden Aussagen auf Sie zutreffen oder eher nicht, um herauszufinden, wo genau Sie momentan stehen und wie viel Arbeit Sie in die Entwicklung Ihrer Gesprächsführungskompetenzen legen müssen.

1. Während eines Gesprächs ist es mir am wichtigsten, die Fakten zu prüfen.

2. Ich habe in einem Gespräch meistens einen höheren Redeanteil als mein Gesprächspartner.

3. Ich rede manchmal gerne um den heißen Brei herum.

4. Es kommt häufiger vor, dass ich andere unterbreche, wenn diese mir etwas erklären.

5. Ich habe meistens viel zu sagen und lege dementsprechend wenige Sprechpausen ein.

6. Wenn andere Menschen sich über etwas beschweren oder etwas Trauriges erzählen, zieht mich das schnell mit herunter.

7. Ich habe starkes Mitgefühl, was dafür sorgt, dass meine Gespräche sehr emotional werden.

8. Ich zeige kaum bis gar keine Emotionen im Gespräch, weder beim Sprechen noch beim Zuhören.

Vielleicht konnten Sie schon erahnen, dass eine Bejahung der einzelnen Punkte eher eine Schwäche in Ihren Gesprächsführungskompetenzen aufdeckt, als eines Lobes wert zu sein. Selbst wenn Sie nur bei einem Punkt zugeben mussten, dass dieser auf Sie zutrifft, bedeutet das, dass Arbeit vor Ihnen liegt und Sie Ihre Kompetenzen in der Gesprächsführung weiter verbessern können. Lassen Sie sich aber nicht herunterziehen, falls mehrere oder alle Punkte auf Sie zutreffen, denn mit den richtigen Tipps und viel Übung wird es Ihnen mit der Zeit immer leichter fallen, erfolgreich Gespräche zu führen und ein Netzwerker zu werden.

1. Hören Sie aktiv zu und unterbrechen Sie Ihr Gegenüber nicht, nur weil Sie nachfragen möchten, ob der Kuchen nun eine blaue oder rote Glasur hatte. Solche Dinge stören den Gesprächsfluss und sorgen dafür, dass Ihr Gegenüber sich nicht ernst genommen fühlt und die Unterhaltung eher abbricht. Fragen Sie also einzig bei relevanten Dingen nach und hören Sie aufmerksam zu. Darüber hinaus ist es oftmals ersichtlich, wann Ihr Gesprächspartner eine Antwort oder Reaktion von Ihnen erwartet: Ihr Gegenüber redet dann zum Beispiel langsamer oder hört vollständig auf zu erzählen. Auch ein geneigter Kopf und ein aktives Anschauen sind Indikatoren dafür, dass eine Reaktion Ihrerseits erwartet wird.

2. Behalten Sie Ihre eigenen Erfahrungen für sich und paraphrasieren Sie stattdessen die Aussagen Ihres Gegenübers. Das bedeutet, dass Sie keine Anekdote aus Ihrem Leben erzählen, selbst dann nicht, wenn diese relevant sein könnte, sondern in Ihren eigenen Worten zusammenfassen, was Ihr Gegenüber kurz zuvor erzählt hat. Dadurch zeigen Sie, dass Sie aktiv zugehört haben und interessiert und motiviert sind, eine Lösung zu finden, ohne auf persönliche Herausforderungen oder Erfolge zu verweisen.

3. Nicht immer muss ein Gespräch lösungsorientiert sein. Eine gute und empathische Gesprächsführung bedeutet folglich nicht, dass auf jeden Fall eine Lösung gefunden werden muss. Oftmals genügt es Ihrem Gesprächspartner schon, wenn dieser merkt, dass Sie seine emotionale Lage erkannt haben und

verstehen, worum es ihm geht. Hören Sie also aufmerksam zu, zeigen Sie Interesse und stellen Sie auf sensible Weise passende Fragen.

4. Meiden Sie Fettnäpfchen. Dies ist in den meisten Fällen zwar leichter gesagt als getan, kann jedoch ebenfalls trainiert werden. Wenn Sie zum Beispiel eine Rückfrage stellen und merken, dass Ihr Gesprächspartner sich angegriffen fühlt oder eine Verteidigungshaltung einnimmt, ist es sinnvoll, nicht weiterzubohren oder das Thema sogar zu wechseln. Halten Sie sich also zurück und vermeiden Sie so, wunde Punkte zu treffen. Wenn Ihr Gegenüber Ihnen mehr über diese oder jene Sache mitteilen möchte, wird es dies von sich aus ansprechen und benötigt kein Nachfragen Ihrerseits.

5. Wählen Sie das richtige Umfeld und die richtige Stimmung. Sie sind auf einem Rockkonzert und Ihre Begleitung möchte mit Ihnen über Ihre Scheidung reden. Dies scheint weder der passende Ort noch die richtige Stimmung für solch ein Gespräch zu sein, denn wer ausgelassen feiert, möchte nicht über traurige Dinge sprechen. Somit können Sie bestimmt nachvollziehen, wie essenziell der richtige Ort und eine entsprechende Atmosphäre für eine gute empathische Unterhaltung sind.

6. Seien Sie positiv. Wir Menschen mögen die Personen, die uns mögen, und mögen hingegen andere Personen, die uns nicht mögen, meistens ebenfalls nicht. So einfach ist es in den meisten Fällen. Achten Sie in Gesprächen mit Bekannten

oder Fremden also immer darauf, positive Signale zu senden. Dies kann durch nonverbale Signale wie durch ein Lächeln, freundlichen Blickkontakt oder körperliche Zuneigung dem anderen gegenüber erreicht werden und viele positive Effekte mit sich bringen. Ihr Gesprächspartner fühlt dann eine Sympathie Ihnen gegenüber und entwickelt die Bereitschaft, ein hochwertiges Gespräch mit Ihnen führen zu wollen.

Gibt es zu viel Empathie?

Vielleicht stellen Sie sich die Frage, ob Sie eventuell sogar zu viel Empathie besitzen. Kann das zum Problem werden? Grundsätzlich ist es erst einmal nicht schlecht für Sie, wenn Sie übermäßig stark empathisch sind. Es ist oftmals einfacher, zu starke Gefühle zu kontrollieren und zurückzuhalten, als erst daran arbeiten zu müssen, dass überhaupt eine gewisse Empathie entsteht. Eine zu große Empathie anderen Menschen gegenüber kann auf Dauer aber negativ für Sie und für Ihre zwischenmenschlichen Beziehungen sein. Dafür gibt es mehrere Gründe: Zum einen wird es Ihnen bei zu großer Empathie schwerfallen, Menschen neutral oder gar negativ zu bewerten: Dadurch, dass Sie sich so stark in die Situation der jeweiligen Person hineinversetzen können und ihr Handeln und Tun auf gewisse Weise verstehen, neigen Sie dazu, Menschen Dinge durchgehen zu lassen, die Sie normalerweise eventuell angezweifelt oder sogar abgelehnt hätten. Zum anderen neigen stark empathische Menschen dazu, eine Art Helfersyndrom zu entwickeln und sich dauerhaft zurückzustellen. Dies ist eigentlich keine schlechte Eigenschaft, jedoch führt sie oftmals dazu, dass Sie von anderen Menschen ausgenutzt werden, keine Gegenleistung für Ihre Arbeit erhalten und sich nicht mehr mit Ihren eigenen Sorgen und Problemen befassen, denn die Leiden Ihrer Mitmenschen haben dann Priorität für Sie.

Zu viel Empathie kann in einigen Fällen sogar dazu führen, dass ein Mensch nur noch Schwarz-Weiß-Denken betreibt. Empathie polarisiert, das vermutet zumindest der Philosoph Thiemo Breyer.[17] Er kritisiert in seinem Buch , dass die Empathie als eine Art Allheilmittel betrachtet wird, also nach dem Motto: Wenn wir nur alle mehr Empathie hätten, dann gäbe es viele Probleme gar nicht. Grundsätzlich besteht die Empathie, damit wir Menschen uns innerhalb kleiner Gruppen gegenseitig helfen und unterstützen. Die Empathie Menschen gegenüber, die nicht in unserem direkten Umfeld sind, war so niemals vorgesehen. Durch die dauerhaft schlechten Nachrichten, die uns täglich aus aller Welt erreichen, sei es über das Radio, über das Fernsehen oder über unsere Social-Media-Kanäle, haben wir die Möglichkeit, Empathie für deutlich mehr Menschen zu entwickeln, als es noch vor 50 Jahren der Fall gewesen wäre. Tatsache ist , dass die Empathie eines Menschen durch unterschiedliche Parameter beeinflusst wird. Ähnlichkeit und Unähnlichkeit zu fremden Menschen spielen dabei eine nicht unwesentliche Rolle: Dementsprechend kommen empathische Gefühle insbesondere für Fremde und Andersdenkende oftmals nicht auf oder aber sie werden künstlich wungen .

---

[17] Breyer, Thiemo: *Grenzen der Empathie. Philosophische, psychologische und anthropologische Perspektiven (Übergänge).* Wilhelm Fink Verlag, 2013.

Gleichermaßen ist es problematisch, zu viel Empathie für Menschen zu empfinden, die man persönlich noch nie getroffen hat. Der Blick auf das Bild eines hungernden Kindes in Afrika kann bei über-empathischen Menschen sehr schnell den Drang auslösen, helfen und etwas unternehmen zu wollen. Das Mitgefühl aus der sicheren Entfernung sorgt aber leider oftmals dafür, dass der Mensch sich ausschließlich auf das traurige Gesicht des Kindes konzentriert und alle Rahmenbedingungen und politischen Möglichkeiten ignoriert.. Dies wiederum führt dazu, dass der Mensch manipuliert wird, um Empathie zu fühlen, und oftmals auf unseriöse Hilfsorganisationen hereinfällt. Sehr empathische Menschen haben in solchen Situationen oft nur eines im Blick: den leidenden Menschen. Alle anderen Umstände werden unwichtig, denn dieser einen Person und allen Menschen, die sich in einer gleichen Situation befinden, muss nun geholfen werden. Freunde und Bekannte aus dem eigenen Umfeld, die dies nicht so sehen, werden dementsprechend schnell negativ bewertet, was bedeutet, dass nicht nur der eigene Gemütszustand durch eine zu starke Empathie beeinträchtigt wird, sondern auch starke Konflikte im direkten Umfeld hervorgerufen werden können. Eine zu hohe Empathie führt dazu, Leid und Ungerechtigkeit verzerrt und nicht unter Einbeziehung aller Umstände zu bewerten.

Sie sehen also: Zu empathisch zu sein, ist weder im globalen Kontext noch in Ihrem privaten Leben auf Dauer gesund. Durch ein zu starkes empathisches Verhalten sorgen Sie dementsprechend nicht dafür, dass Sie mit Liebe und Respekt behandelt werden, sondern eher dafür, zum „Mädchen für alles“ zu werden oder sich an Problemen den Kopf zu zermartern, die Sie allein ohnehin nicht ändern können. Achten

Sie deswegen, insbesondere im privaten Kontext, darauf, zwischenmenschliche Beziehungen zu führen, die Ihnen guttun. Wenn Sie merken, dass Ihr Gegenüber Sie immer nur verletzt, häufig negative Emotionen in Ihnen auslöst oder sich nur meldet, wenn ein Problem besteht oder Hilfe benötigt wird, dann ist es sinnvoll, an sich selbst zu denken und den Kontakt zu reduzieren oder ganz zu beenden. Natürlich lässt sich diese Empfehlung nicht unbedingt genauso auf das Arbeitsleben anwenden, aber gerade im privaten Raum ist es für Sie absolut notwendig, auf hochwertige Beziehungen zu setzen, in denen beide dem jeweils anderen Gutes wünschen und auf das Wohl des anderen ausgerichtet sind.

Wenn Sie also bemerkt haben, dass eine Person Ihrer emotionalen Lage nicht guttut, Sie immer wieder herunterzieht oder Sie ausnutzt und auch auf Ihre Bemühungen und angewendeten Tipps und Tricks aus diesem Ratgeber nicht anspringt, dann ist es an der Zeit, ein Gespräch zu führen. Direkt aus Ihrem Leben verbannen müssen Sie diese Person natürlich nicht: Geben Sie ihr stattdessen die Möglichkeit, sich selbst zu reflektieren und das eigene Verhalten anzupassen oder zu verändern. Eine Pause in der Freundschaft oder auch zwischen Arbeitskollegen kann oftmals kleine Wunder bewirken, denn Ihr Gegenüber merkt durch den fehlenden Kontakt zu Ihnen, was Sie täglich für die Beziehung geleistet haben. Sollte die andere Person jedoch keine Einsicht zeigen und sich nicht verändern wollen, dann kann es für Sie gesund und hilfreich sein, den Kontakt – im Rahmen der Möglichkeiten – abzubrechen. Umgeben Sie sich mit Menschen, die Ihnen guttun und die nicht nur Ihre hohe Empathiefähigkeit für sich ausnutzen. Erwarten Sie in einer gesunden zwischenmenschlichen Beziehung genauso viel, wie Sie selbst geben, und sprechen Sie offen und ehrlich an, wenn Sie sich in bestimmten Situationen oder bei bestimmten Themen nicht wohlfühlen. Wir müssen einander helfen, uns selbst zu reflektieren, und das geht nicht mit gemeinen Worten hinter dem Rücken, sondern durch mitfühlende Ehrlichkeit.

Wenn Sie bei dem Beispiel der Hilfsorganisationen gemerkt haben, dass Sie besonders ausgereifte empathische Gefühle für Menschen in weniger entwickelten Ländern, Flüchtlinge oder Menschen in schlimmen Situationen, die Sie persönlich jedoch nicht betreffen, entwickeln, dann ist dies zunächst keine schlechte Sache. Lassen Sie Ihr Einfühlungsvermögen und Mitgefühl jedoch nicht Ihre Gedanken und Handlungen kontrollieren und achten Sie darauf, nicht in emotionale Fallen zu tappen. Eine einfache Möglichkeit, um zu verhindern, emotional manipuliert und ausgenutzt zu werden, ist der Faktencheck: Prüfen Sie ausgiebig, welche Situation vorherrscht und was Sie als Einzelperson tun können. Kontrollieren Sie zudem den Hintergrund der Hilfsorganisationen und lassen Sie sich weder ausnutzen noch finanziell ausnehmen. Sollte Ihnen all dies schwerfallen, bietet es sich an, sich in Ihrem direkten Umfeld zu engagieren. Das bedeutet nicht, dass Sie von heute auf morgen Seelsorger für Ihre Freunde werden sollen. Erkundigen Sie sich stattdessen, wo Hilfe in Ihrer Stadt und in Ihrer direkten Umgebung gesucht wird. Helfen Sie im Tierheim aus oder veranstalten Sie Spielenachmittage im Altenheim bei Ihnen um die Ecke. Die Empathie für Menschen und Tiere aus Ihrem direkten Umfeld bietet Ihnen die Möglichkeit, diese auszuleben, und eine direkte Belohnung in Form von positiven Emotionen. Dies bedeutet übrigens nicht, dass Sie die globalen Probleme ignorieren oder vergessen sollen. Falls Sie jedoch merken, dass Sie bei solchen

Hilferufen emotional zu sehr mitgenommen werden, lohnt es sich, den Blick wieder auf das eigene Umfeld zu richten und zu prüfen, wo Sie im Kleinen beginnen können, empathisch zu werden und zu helfen.

Kognitiv statt emotional

Bei der Empathie wird, wie Sie bereits wissen, zwischen der emotionalen (oder affektiven) Empathie und der kognitiven Empathie unterschieden. Während die kognitive Empathie uns dabei hilft, uns in andere Menschen hineinzuversetzen und unsere zwischenmenschlichen Beziehungen zu verbessern, sorgt die emotionale Empathie in einigen Fällen dafür, dass wir zu viel fühlen und uns zu stark in die Problematik unseres Gegenübers hineinfühlen. Eine solche starke emotionale Empathie kann schlussendlich zu empathischem Stress führen. Je länger eine solche belastende Situation anhält, desto höher steigt der Stresslevel und desto höher ist die Wahrscheinlichkeit, emotionaler Erschöpfung oder einem Burnout zu erliegen. Wer unter empathischem Stress leidet, der wird außerdem weniger hilfsbereit und kann sogar Aggressionen entwickeln, was im starken Kontrast zu der eigentlich großen Empathie steht.

Die Wissenschaftlerin Tania Singer führte ein weiteres Experiment zur Empathiefähigkeit des Menschen durch: Dafür wurde eine Gruppe von Probanden einige Wochen lang für die emotionale Empathie sensibilisiert, während eine zweite Gruppe sich auf die kognitive Empathie konzentrierte. Im Anschluss an diese Vorbereitung wurde beiden Gruppen Filmmaterial von notleidenden Menschen gezeigt. Während die kognitiv-empathische Gruppe dazu imstande war, das Leid zu verstehen und teilweise zu fühlen, gleichzeitig jedoch lösungsorientiert zu denken und zu handeln, litten die Menschen aus der emotional-empathischen Gruppe stark unter den Bildern und produzierten eine sehr negative Stimmung .[18]

Sie sehen also: Eine zu hohe emotionale Empathie ist nicht immer gesund für uns und kann uns auf Dauer sogar schaden. Dementsprechend ist es so bedeutsam, sich selbst richtig einzuschätzen und zu verstehen, wann Sie eine empathische Pause einlegen oder auf andere Hilfsmittel zurückgreifen sollten. Ihre psychische Gesundheit hängt stark davon ab, ob Ihre Empathie sich allein auf Ihre Mitmenschen beschränkt oder ob Sie genauso Empathie für sich selbst empfinden. Die folgenden Tipps sollen Ihnen dabei helfen, einen Gang zurückzuschalten und sich auf sich selbst zu konzentrieren, sobald Sie merken, dass Sie empathischen Stress verspüren.

1. Notieren Sie schriftlich, was Sie momentan möchten. Manchmal kümmern wir uns so viel um die Probleme und Bedürfnisse der anderen, dass wir unsere eigenen Wünsche aus dem Blick verlieren. Schreiben Sie also nieder, was Sie sich für sich selbst wünschen. Die Wünsche können dabei ganz klein sein und Ihnen spontan einfallen, aber versuchen Sie ebenso, groß zu denken und zu überlegen, was Sie in ein paar Monaten und Jahren erreichen möchten.

2. Denken Sie darüber nach, ob Sie etwas verändern müssen, um ebendiese Ziele und Wünsche zu

---

[18] Singer, Tanja und Matthias Bolz: Mitgefühl in Alltag und Forschung. Max-Planck-Institut, München 2013.

erreichen. Muss ein bestimmtes Verhaltensmuster geändert werden oder fehlt Ihnen einfach die Zeit? Seien Sie mutig und entscheiden Sie sich für Ihre eigenen Bedürfnisse. Ihre Freunde, Familie und Bekannten werden Sie nicht weniger lieben, wenn Sie sich nicht rund um die Uhr für sie aufopfern.

3. Es kann vorkommen, dass Ihre Wünsche oder Bedürfnisse einen Widerspruch zu den Wünschen Ihrer Mitmenschen darstellen. Dies kann in alltäglichen Situationen vorkommen: Sie möchten zum Beispiel in den Park, während Ihr Mann lieber auf dem Sofa sitzen bleiben möchte. Gehen Sie Kompromisse in Ihrem Leben ein, achten Sie aber gleichzeitig darauf, nicht dauerhaft die Nachteile in Kauf nehmen zu müssen oder ständig zurückstecken zu müssen. Bei größeren Entscheidungen als der Gestaltung des Nachmittags lohnt es sich selbstverständlich umso mehr, dem anderen nicht einfach zuzustimmen, sondern für die eigenen Wünsche und Bedürfnisse einzustehen. Ihre Ziele und Wünsche sind ebenso viel wert wie die Ziele und Wünsche Ihres Gegenübers.

4. Scheuen Sie nicht vor Konflikten zurück. In zwischenmenschlichen Beziehungen kommt es immer wieder vor, dass unsere Meinungen aneinander-reiben und Konflikte entstehen. Dies gehört zu unserer menschlichen Interaktion dazu. Stehen Sie also zu Ihrer Meinung und ziehen Sie diese nicht zurück, nur weil sie für einen Konflikt mit Ihrem Gesprächspartner sorgen könnte.

5. Suchen Sie eine Balance aus Empathie und Selbstliebe, die für Sie gesund ist. Handeln Sie nicht nur aus Empathie, sondern beziehen Sie alle entscheidenden Faktoren mit ein. Fällt Ihnen dies schwer, ist es ratsam, schriftlich festzuhalten, was Sie bewegt, und eventuell eine Pro-Contra-Liste zu erstellen, um sich bildlich vorzuführen, wo Sie momentan stehen und wo Sie hinmöchten.

6. Arbeiten Sie an Ihrem Selbstwertgefühl. Eine hohe emotionale Empathie geht in vielen Fällen mit einem niedrigen Selbstwertgefühl einher. Ein stark empathischer Mensch lässt sich schneller ausnutzen oder gar manipulieren, weil er andere Menschen nicht verletzen möchte oder Konflikte und negative Emotionen vermeiden möchte. Dadurch wird das eigene Selbstwertgefühl geschützt. Erinnern Sie sich daran, dass Ihr Selbstwert nicht davon abhängig ist, wie viele Freunde und Bekanntschaften Sie haben oder wie sehr die anderen Sie mögen. Ein starkes Selbstwertgefühl bringt Ihnen in jedem Fall mehr Erfolg im privaten wie im beruflichen Leben als ein niedriges Selbstwertgefühl.

MANIPULATION DURCH EMOTIONALE INTELLIGENZ

Sobald wir den Begriff „Manipulation" hören, denken die meisten von uns direkt an etwas Negatives und Verwerfliches – an etwas, was uns dazu bringt, Dinge zu tun, die wir normalerweise nicht tun würden. Der Begriff „Manipulation" setzt sich aus den lateinischen Wörtern *manus* (zu Deutsch: „Hand") und *plere* (zu Deutsch: „füllen") zusammen und bedeutet übersetzt so viel wie „Handhabung". Ein Mensch, der jemanden manipuliert, hat die Fähigkeit, diese Person so geschickt zu beeinflussen, dass diese nicht erkennen kann, was die eigentliche Intention des Manipulierenden ist.

Gerade im politischen, soziologischen und psychologischen Bereich ist die Manipulation sehr negativ behaftet und vor allem unsere Geschichte zeugt von viel Betrug durch verschiedene Manipulationen. In vielen Fällen sind wir persönlich schon manipuliert worden und haben dies gemerkt. Tatsächlich finden Manipulationen in unserem Leben aber nicht nur in Form von politischer Manipulation statt. Es handelt sich bei weitem nicht immer um Phänomene, bei denen wir hinterher mit großem Erschrecken feststellen, dass wir manipuliert wurden, denn tatsächlich werden wir in unserem Alltag ständig manipuliert und versuchen im Gegenzug selbst, unsere

Mitmenschen zu unseren Gunsten zu manipulieren und zu beeinflussen. Das glauben Sie nicht? Das ist nicht abwegig, denn niemand möchte sich mit etwas in Verbindung bringen, was von der Gesellschaft negativ bewertet und verpönt wird. Würden Sie eher behaupten, dass Sie gelegentlich versuchen, andere Menschen zu „beeinflussen"?

Während dieser Begriff etwas gesellschaftskonformer klingt und nicht so negativ konnotiert ist, sind die Übergänge zwischen Beeinflussung und Manipulation doch meistens fließend. In vielen Fällen merken wir nicht einmal, dass wir begonnen haben, einen Menschen zu manipulieren, denn dafür muss kein aus der Sicht des anderen „negatives" Ziel vorliegen, sondern lediglich ein Ziel, welches Sie selbst verfolgen. Was ist also so schlimm daran, seine eigenen Interessen zu vertreten und somit die eigenen Bedürfnisse zu befriedigen? Grundsätzlich erst einmal nichts. Haben Sie jedoch schon einmal jemanden dabei ertappt, wie er Sie manipuliert hat, oder kennen Sie das Gefühl der Erkenntnis nach einer erfolgreichen Manipulation durch einen Mitmenschen? Dann können Sie bestimmt nachvollziehen, dass es sich unangenehm anfühlt, manipuliert zu werden. Wir fühlen uns dadurch in unserer Freiheit, insbesondere in unserer Meinungsfreiheit, eingeschränkt und entwickeln daraufhin negative Emotionen. Selbstverständlich sollte insbesondere die Absichtlichkeit hinter einer Beeinflussung oder Manipulation hinterfragt und betrachtet werden. Wenn Sie Ihren Partner dazu bringen möchten, die Wohnung aufzuräumen, heißt das natürlich nicht, dass Sie ein besonders geschickter Manipulator sind. Doch was genau bedeutet es, zu manipulieren und manipuliert zu werden?

Unabhängig davon, ob eine Manipulation bewusst oder unbewusst geschieht, gibt es zwei verschiedene Ebenen, auf der Manipulation stattfinden kann: die rhetorische Ebene und die körperliche Ebene. Waren Sie schon einmal in eine Diskussion verwickelt, in der eine Argumentation an die nächste gereiht wurde und Sie schlussendlich das Gefühl hatten, keine andere Wahl mehr zu haben als das zu tun, was Ihnen vorgegeben wurde? Wurde Ihnen die Meinung Ihres Gesprächspartners schon einmal in den Mund gelegt oder Ihre Worte so im Mund verdreht, dass Sie plötzlich die Meinung Ihres Gegenübers unterstützten? Dann haben Sie ein ideales Beispiel für die rhetorische Manipulation gefunden. Insbesondere eine emotionale Sprache bringt uns oft dazu, unsere Meinung zu überdenken oder von Argumentationen mitgerissen zu werden. Die rhetorische Manipulation wird fast immer von der körperlichen Manipulation unterstützt: Unbewusst spielt fast jeder Mensch mit seiner Körpersprache und der Mimik und versucht so, die andere Person mit einem netten Lächeln oder einer positiven Handbewegung auf seine Seite zu ziehen. Auch die generelle körperliche Nähe kann uns manipulieren, denn wir kommen normalerweise nur den Menschen näher, die wir wirklich mögen. Eine körperliche Nähe lässt Sie also mehr Sympathie für Ihr Gegenüber entwickeln, was dazu führt, dass Sie sich einfacher von ihm manipulieren lassen. All diese Manipulationstechniken werden von den meisten von uns unbewusst ausgeführt und sind in der Regel nicht darauf ausgerichtet, unseren Mitmenschen zu schaden. Sensibilisieren Sie sich für diese Art der Manipulation, um in Zukunft mit klarem Verstand urteilen zu können, ob Sie einer gewissen Sache zusagen, weil Sie es selbst möchten oder weil Sie manipuliert wurden.

Manipulationen können ebenso im größeren Rahmen stattfinden und durchaus bewusst und mit negativer Intention durchgeführt werden. Menschen, die geschult im Manipulieren sind, reizen insbesondere die Manipulation durch Körpersignale voll aus. So finden in Gesprächen auf einmal „zufällige" Berührungen an Armen oder Schultern statt, der Augenkontakt wird lange und intensiv gehalten oder das Gegenüber macht sich größer und breiter – um mehr körperliche Nähe zu schaffen und seine Macht auf körperliche Art und Weise zu demonstrieren. Auch die Selbstmanipulation spielt eine große Rolle in unserem Leben. Diese Art der Manipulation kann jedoch vorwiegend zur Verbesserung unseres Lebens genutzt werden, denn sie beinhaltet das Manipulieren des eigenen Verhaltens im Sinne von: bei einem Wutanfall bis zehn zählen, um herunterzukommen, die Lieblingsmusik hören, um sich aufzuheitern, oder sich mit Süßigkeiten für die getane Arbeit belohnen.

Ob Sie manipulieren oder manipuliert werden, lässt sich mit einem erweiterten Bewusstsein für diesen Gegenstand, mit Menschenkenntnis und mit Übung leicht erkennen. Sensibilisieren Sie sich für Manipulationen aller Art und reflektieren Sie, ob eine Entscheidung Ihrem freien Willen entsprungen ist oder weil Sie dazu überredet und manipuliert wurden. Nachfolgend finden Sie eine kleine Sammlung verschiedener Manipulationstechniken, die häufig genutzt werden. Sie dienen zum einen als Beispiel und helfen Ihnen dabei, sich für das Thema zu sensibilisieren. Zum anderen wird es Ihnen nach dem Lesen der nachstehenden Liste leichter fallen zu erkennen, wann Sie selbst jemanden unbewusst manipulieren. Natürlich können Sie die verschiedenen Manipulationstechniken ebenfalls in Ihrem Leben anwenden.

Denken Sie jedoch immer daran, das richtige Maß zwischen Überreden, Beeinflussen und Manipulieren zu finden. Eine gute Grundregel ist hierbei: Achten Sie darauf, dass Ihr Gegenüber nicht mit negativen Emotionen aus der Konversation geht.

Die Manipulation in der Praxis

Waren Sie heute schon Opfer einer Manipulation? Falls Sie den Tag bisher allein in Ihrem Zuhause verbracht haben, dann kann es sein, dass Sie den vielen Manipulationen des Alltags entgangen sind. War jedoch das Radio an oder lief der Fernseher, dann können Sie sich da nicht so sicher sein. Es gibt in unserem Leben kaum Bereiche, in denen nicht manipuliert wird, denn überall, wo Menschen ihre persönlichen Wünsche und Ziele verfolgen, manipulieren sie ihre Mitmenschen bewusst oder unbewusst. Die nachfolgenden Manipulationstechniken können Ihnen bekannt vorkommen oder Ihnen ein erschrockenes „Ach so!" entlocken. Lesen Sie sich die Liste, welche natürlich keinen Anspruch auf Vollständigkeit erhebt, durch und entdecken Sie, welche Techniken zur Manipulation regelmäßig genutzt werden.

1. **Die Verknappungs-methode:** Diese Art der Manipulation wird vor allem in der Werbung angewendet. Sie kennen garantiert die überaus günstigen Sonderangebote, die es allerdings nur noch für drei Tage gibt. Schlagen Sie also zu! Eine begrenzte Zeit oder eine begrenzte Menge in Kombination mit einem Sonderpreis lässt unser Herz schnell höherschlagen und beschleunigt

unseren Entscheidungsprozess. „Brauche ich diesen Gegenstand wirklich?“ wird in solchen Fällen rasch von einem „Ich muss zuschlagen, bevor das Angebot weg ist!“ ersetzt. Auch im privaten Bereich können Entscheidungen durch die Verknappung beschleunigt werden. Wer unter Zeitdruck um eine Entscheidung bittet, der wird sich in der Regel über eine Antwort freuen können, die zu seinen Gunsten ausfällt.

Wird der befragten Person jedoch Zeit gegeben, um über eine kompliziertere Frage nachzudenken, kommt es häufiger vor, dass sie letztlich absagt. Durch die Verknappungs-technik fühlen wir uns, als würden wir etwas verpassen oder als würde uns etwas entgehen. Je mehr wir unter Zeitdruck stehen, desto wichtiger erscheint uns die Intention des Gegenübers und desto eher sind wir bereit, zuzustimmen beziehungsweise das Produkt im Sonderangebot zu kaufen.

2. **Selbstmanipulation – „Erste-Instinkt-Falle“:** Wir Menschen sind Gewohnheitstiere und ändern unsere Lebensumstände und Meinungen in der Regel eher ungern. Das hat damit zu tun, dass wir uns in vielen Fällen instinktiv festlegen und im Anschluss Angst haben, unsere Meinung zu ändern und diese Änderung im Anschluss zu bereuen. Dadurch kann es vorkommen, dass wir sogar in einer unglücklichen Beziehung bleiben, denn eine Veränderung dieses Umstands könnten wir ja hinterher bereuen. Oder wir verlassen die Wohnung trotz Schimmelbefalls nicht, denn wir haben schließlich über fünf Jahre

hier gewohnt und wissen nicht, was uns nach einem Umzug alles Schlechtes erwarten wird . Wenn der Mensch sich einmal seine Meinung gebildet hat, sucht er auf verschiedenen Ebenen nach Bestätigung für seine Meinung und ignoriert Beweise, die das Gegenteil bestätigen. Behalten Sie das Wissen über diese Selbstmanipulation im Hinterkopf, denn es kann Ihnen helfen, Entscheidungen zu treffen, insbesondere wenn es um Veränderungen in Ihrem privaten oder beruflichen Leben geht.

Probieren Sie neue Dinge aus, wenn sich diese anbieten, und lassen Sie sich von der Logik umstimmen.

3. **„Wie Du mir, so ich Dir.“:** Wann hat Ihnen das letzte Mal jemand ein Eis ausgegeben oder einen Gefallen getan? Sicherlich kennen Sie das Gefühl, sich nach solch einer Handlung in gewisser Art und Weise revanchieren zu wollen. Dieses leichte Schuldgefühl ist absolut menschlich und bezeichnet das Prinzip der Reziprozität. Der Mensch hat noch nie gegeben, ohne zu nehmen, und andersherum. Solche Tauschgeschäfte stellen die Grundpfeiler unserer Gesellschaft dar und können deswegen hervorragend für die Manipulation genutzt werden – im Positiven wie im Negativen. Wenn Ihnen zum Beispiel jemand unaufgefordert eine Freude bereitet, Ihnen hilft oder Ihnen etwas Gutes tut, dann entwickelt sich bei Ihnen das Gefühl, das Gleiche für ebendiese Person tun zu wollen. Sie kennen bestimmt das Gefühl, ein Geschenk zu Weihnachten zu erhalten und kein Geschenk für

das Gegenüber mitgebracht zu haben. Hinterfragen Sie also immer, woher die Aufmerksamkeit und Hilfsbereitschaft Ihres Gegenübers stammt und ob diese mit dem Hintergrund geschieht, Gleiches von Ihnen zurückzuerwarten.

4. **Der Halo-Effekt:** War Ihnen schon einmal eine bestimmte Person so richtig unsympathisch, als Sie diese kennenlernten, und hat sich Ihre Meinung über diese Person grundlegend geändert, nachdem Sie erfahren haben, dass Sie eine bestimmte Leidenschaft gemein haben? So schlecht kann diese Person doch gar nicht sein, wenn sie Fan der gleichen Rockband ist oder ebenfalls mit Leidenschaft Briefmarken sammelt, oder? Der Halo-Effekt ist eine aus der Sozialpsychologie bekannte kognitive Verzerrung. Dabei schließt man von bekannten Eigenschaften einer Person auf unbekannte. So kann es vorkommen, dass in einem Bewerbungsverfahren die Person bevorzugt wird, die unbewusst von den gleichen Interessen erzählt, die der Arbeitgeber eventuell hat. Gleichermaßen kann es Ihnen durch diesen Effekt schneller gelingen, Nähe und Freundschaft mit fremden Personen herzustellen, wenn Sie bewusst Wert auf bestimmte Aspekte legen, auf die Ihr Gegenüber ebenfalls Wert legt.

5. **Die körperliche Spiegelung:** Angelehnt an den Halo-Effekt ist das Prinzip „Gleich und Gleich gesellt sich gern". Wir umgeben uns lieber mit Menschen, die uns ähnlich sind und ähnliche Interessen und

Ansichten haben wie wir. Solch eine Ähnlichkeit kann ebenfalls durch körperliche Signale hergestellt werden. Spiegelt Ihr Gegenüber Ihre Körpersprache, Mimik und Gestik, so ist es wahrscheinlicher, dass Ihr Gesprächs-partner Ihre Sympathie gewinnt und Sie eine zwischenmenschliche Beziehung mit dieser Person in Erwägung ziehen.

6. **Die Ankertechnik:** Stellen Sie sich vor, Ihr Vorgesetzter fragt Sie, ob Sie lieber mehr als 20 Stunden oder weniger in ein spezielles Projekt investieren möchten. Ursprünglich haben Sie sich fest vorgenommen, nicht mehr als zehn Arbeitsstunden extra zu arbeiten, werden auf diese Frage mit großer Wahrscheinlichkeit aber mit einer Stundenanzahl antworten, die zwischen 15 und 25 Stunden liegt. Der Grund dafür ist, dass Sie annehmen, dass von Ihnen erwartet wird, eine bestimmte Anzahl an Stunden zu investieren und es Ihnen nicht mehr möglich erscheint, eine Stundenanzahl zu nennen, die stark von dieser Erwartung abweicht. Insbesondere beim Feilschen auf Flohmärkten und Ähnlichem wird diese Technik angewendet und soll Sie dazu bringen, den gewünschten Preis zu zahlen und nicht zu weit von der gewünschten Vorgabe abzuweichen.

7. **Fuß in der Tür:** Lesen Sie folgende (erfundene) Konversation zwischen einer Person in der Fußgängerzone und jemandem, der Spenden für Tiere in Not sammelt:

A: Guten Tag! Mögen Sie Tiere?
B: Natürlich mag ich Tiere!
A: Wenn das so ist, würden Sie unseren Verein mit einer finanziellen Spende unterstützen?
B: Nein, das tut mir leid, aber ich möchte nicht spenden.
A: Aber ich dachte, Ihnen lägen Tiere am Herzen?

Vielleicht haben Sie die Manipulation in dieser kurzen Unterhaltung bereits erkannt: Dadurch, dass Person B bereits ausgesagt hat, dass sie Tiere mag, hat Person A einen Fuß in der Tür und eine Art Druckmittel in der Hand: „Wenn Sie Tiere doch so sehr mögen, wieso helfen Sie dann nicht mit einer Spende?" Auch in der Werbung wird dieser Trick angewandt. Schauen Sie zum Beispiel mal auf die Probeabonnements: Dadurch, dass Sie einen Monat lang alle Vorteile und Funktionen eines Abos genossen haben, sind Sie eher dazu bereit, auch kostenpflichtig ebendiese Funktionen zu nutzen, denn ansonsten fühlen Sie eine Art Freiheitsverlust . Hier hatte der Anbieter des Abos den Fuß bei Ihnen in der Tür und es fällt Ihnen nun schwerer, diese wieder zu schließen und das Abo nach Ende der Probezeit zu beenden.

8. **Der Herdendruck:** Unsere Entscheidungen orientieren sich in vielen Fällen nicht an Daten, Fakten oder persönlichen Vorlieben, sondern daran, wie viele andere Menschen die gleiche Entscheidung gefällt haben. Wenn Sie online ein Produkt kaufen möchten, können die zahlreichen Rezensionen von anderen Menschen Sie so weit beeinflussen, dass

Sie ebendieses Produkt doch lieber nicht kaufen, weil ein Großteil aller Nutzer damit unzufrieden war. Dieses Beispiel lässt sich ebenso auf unsere zwischenmenschlichen Beziehungen und die Manipulation in diesem Bereich anwenden. Werden Sie von nur einer Person zu etwas gedrängt, was Sie nicht tun wollen, fällt die Entscheidung häufig leichter, Nein zu sagen. Müssen Sie sich jedoch auf einmal vor einer Gruppe von Menschen behaupten, die alle die gleiche Meinung haben, welche sich von Ihrer eigenen Meinung unterscheidet, so wird Ihnen diese Aussage in der Regel nicht mehr allzu leichtfallen. Wir orientieren uns an der breiten Masse, weswegen es umso schwieriger wird, an der eigenen Meinung festzuhalten, wenn alle anderen Menschen um einen herum etwas anderes behaupten.

9. **Die Informationslücke:** Wir alle machen es bewusst und unbewusst: Wir erzählen bestimmte Informationen nicht, um ein gewisses Ziel zu erreichen. Frau Mustermann berichtet zum Beispiel ihrer besten Freundin von dem Streit mit Herrn Mustermann, nachdem dieser schlecht gelaunt nach Hause gekommen und das selbstgekochte Essen nicht wertgeschätzt hatte. Dass Frau Mustermann aber ein Weinglas umgestoßen hat und somit das Fass bei Ihrem Mann zum Überlaufen gebracht hat, erzählt sie ihrer besten Freundin nicht. Je schuldloser Frau Mustermann aussieht, desto mehr Sympathie erhält sie von ihrer Freundin. Dabei hat Sie prinzipiell ja nicht gelogen, sondern nur ein oder zwei Fakten ausgelassen. Auf die gleiche Art und Weise versuchen

beispielsweise unsere Mitmenschen, einige Politiker oder Geschäftsführer, uns zu manipulieren und von etwas zu überzeugen, was nicht dem Gesamtbild einer Situation entspricht.

10. **Die Beeinflussung durch Farben:** Farben haben die Fähigkeit, unsere Emotionen zu beeinflussen. Hiervon macht vor allem die Werbetechnik Gebrauch, denn wenn der Anblick einer bestimmten Farbe uns hilft, uns wohler zu fühlen, steigt die Wahrscheinlichkeit eines Kaufs. Die nachfolgende Liste zeigt Ihnen, welche Attribute wir mit den verschiedenen Farben in Verbindung bringen:

    - Grün: Friedlichkeit, Wachstum und Gesundheit
    - Violett: Einfallsreichtum, Weisheit und Kreativität
    - Orange: Heiterkeit, Freundlichkeit und Vertrauen
    - Gelb: Optimismus, Klarheit und Wärme
    - Blau: Stärke und Verlässlichkeit sowie Vertrauen
    - Rot: Mut und Erregung
    - Grau oder Silber: Balance und Neutralität

Auch Sie können die Wirkung der Farben für Ihre Vorteile nutzen. Tragen Sie beim nächsten Bewerbungsgespräch doch einfach die Farbe, die die Charaktermerkmale präsentiert, die Sie zum Ausdruck bringen möchten. Eine blaue Bluse kann so unbewusst vermitteln, dass Sie verlässlich und vertrauensvoll sind und eine gewisse Stärke mit in die Position bringen können.

Die emotionale Intelligenz lässt sich auf verschiedene Arten und Weisen nutzen, um Menschen zu manipulieren. Dies tun wir unbewusst wie bewusst. Auch Sie können die emotionale Intelligenz dafür nutzen, mehr Sympathie zu gewinnen und Ihre Mitmenschen von Ihren Meinungen und Visionen zu überzeugen. Achten Sie jedoch darauf, weiterhin moralisch zu handeln und keine negativen Gefühle beim anderen auszulösen. Mit einer hohen emotionalen Intelligenz haben Sie zugleich eine hohe Verantwortung Ihrem direkten Umfeld gegenüber.

WENDEN SIE IHRE EMOTIONALE INTELLIGENZ IM ALLTAG AN

Wenn Sie dieses Buch bis hierhin gelesen haben, sollten Sie inzwischen ein ausgereiftes Verständnis darüber haben, was es bedeutet, emotional intelligent zu sein, und wie Ihnen ein hoher EQ im Alltag und im Berufsleben weiterhelfen und Ihr Leben vereinfachen kann. Nachfolgend finden Sie weitere Praxistipps für bestimmte Bereiche Ihres Lebens, die Sie durch eine hohe emotionale Intelligenz verbessern können und in denen Sie durch einen hohen EQ Ihre Mitmenschen fördern können, wie zum Beispiel in der Partnerschaft, in der Erziehung Ihrer Kinder oder in Führungspositionen.

Praxistipps für Partnerschaften

Eine Partnerschaft beginnt in den meisten Fällen aus sehr einfachen und augenscheinlichen Dingen: Sympathie und beidseitiger Attraktivität. Man kann sich leiden oder gut riechen und versucht auf Grundlage dieser Attraktion, eine gemeinsame Reise zu beginnen. Wie Sie bestimmt wissen, gehört zu einer Partnerschaft oder einer Ehe weitaus mehr als nur gutes Aussehen und gleiche Ansichten oder Hobbys. Das Kriterium, nach welchem Sie Ihren Partner auswählen sollten, ist nach Meinung von Experten lange nicht mehr nur das Aussehen, sondern auch die emotionale Intelligenz. Die These ist: Besitzen beide Partner eine relativ hohe emotionale Intelligenz, so stärkt dies die Beziehung und sorgt dafür, dass diese hält. Wenn Sie bereits einen Partner für Ihr Leben gefunden haben, dann müssen (und sollten) Sie diesen natürlich nicht gegen eine emotional intelligentere Version austauschen.

Denn wie Sie bereits wissen, ist es möglich, die eigene emotionale Intelligenz zu steigern, und ebenso können Sie den EQ Ihres Partners verändern. Die nachfolgenden Tipps werden Ihnen helfen, die emotionale Intelligenz in Ihrer Partnerschaft zu nutzen und zu fördern und so eine erfüllte und langlebige Beziehung zu erleben.

1. **Reflektieren Sie gemeinsam:** Dadurch, dass Sie diesen Ratgeber gelesen und sich mit Ihrer eigenen emotionalen Intelligenz beschäftigt haben, sind Sie auf der Skala der emotionalen Intelligenz bereits ein paar Punkte nach oben gerutscht. Dass Sie jedoch dieses Wissen und die Techniken der Selbstreflexion erworben haben, heißt nicht automatisch, dass es bei Ihrem Partner ähnlich aussieht. Reden Sie miteinander über die Selbst- und Fremdwahrnehmung und wie beide Bilder zusammenpassen können. Drängen Sie Ihren Partner allerdings nicht zu solchen Gesprächen, denn nicht immer fällt es uns leicht, uns selbst zu reflektieren, Fehler einzugestehen und tiefgründige

emotionale Probleme oder gar Traumata ans Licht zu holen. Versuchen Sie, in Reflexionsgesprächen nicht mit der Tür ins Haus zu fallen, sondern seichte und entspannte Gesprächseinstiege zu finden, wie: „Was waren als Jugendlicher eigentlich Deine Träume fürs Leben?" oder „Ist Dir schon einmal aufgefallen, wie gut wir uns ergänzen, weil Du diese Eigenschaft hast und ich jene?" Alternativ können Sie gemeinsam diesen Ratgeber durchlesen und zum Beispiel die emotionale Intelligenz des anderen beurteilen und sich so noch besser kennenlernen.

2. **Ersetzen Sie „Du" durch „Ich":** Dieser Tipp bedeutet nicht, dass Sie ab sofort nur noch über sich selbst reden sollten. Stattdessen findet dieser Trick in der Streitschlichtung Anwendung. Wahrscheinlich kennen Sie ihn schon, und dennoch ist es von großer Bedeutung, regelmäßig darauf hinzuweisen: Formulieren Sie in Streitgesprächen „Ich-Sätze" und keine „Du-Sätze". In der Praxis bedeutet dies, dass Sie Ihre Empfindungen beschreiben und nicht die (vermeintlichen) Absichten Ihres Partners herausstellen. Sagen Sie also zum Beispiel „Ich habe das Gefühl, dass Du Dir gar keine Mühe mehr gibst.", anstatt zu behaupten „Du gibst Dir gar keine Mühe mehr.". Anhand dieser zwei Sätze erkennen Sie bereits direkt, wie positiv beziehungsweise negativ die jeweiligen Aussagen konnotiert sind. Mit einer Ich-Aussage unterstellen Sie Ihrem Partner keine schlechten Absichten, sondern erklären lediglich, wie Sie sich in der jeweiligen Situation fühlen. Im

Anschluss kann Ihr Partner sich leicht verteidigen beziehungsweise seine Absichten erklären, ohne dass negative Emotionen ausgelöst wurden, weil in seinen Augen bereits der gesamte Streit von Ihnen zusammengefasst und begründet wurde. Ein Streit zwischen zwei Personen ist eine absolut subjektive Angelegenheit voller Emotionen, weswegen Sie nur aus Ihrer subjektiven Sicht heraus kommentieren sollten. Obwohl die Aussage am Ende die gleiche ist, machen kleine sprachliche Änderungen wie oben beschrieben einiges aus und können die Schlichtung oder aber das Ausarten eines Streits bedeuten.

3. **Tauschen Sie sich aus:** Im Alltag einer Beziehung kann es schon einmal drunter und drüber gehen. Umso bedeutender ist es hierbei, sich nicht aus den Augen zu verlieren und auch die Gefühlswelt des Partners zu beachten. Schnell geht es in unseren Beziehungen nur noch um Organisatorisches – „Hast Du schon eingekauft?", „Wer geht nach Feierabend mit dem Hund raus?" – und dadurch können die wirklich bedeutsamen Dinge untergehen, wie unsere Sorgen und Ängste, unsere Glücksmomente und unsere generelle Gefühlswelt. Wenn es Ihnen schwerfällt, Zeiten zu finden, in denen Sie einander erzählen und zuhören, kann es sinnvoll sein, regelmäßige Dates zu verabreden. Das können zehn Minuten am Abend vor dem Schlafengehen sein oder eine Stunde sonntagabends, in welcher über die letzte und die kommende Woche geredet wird. Sogar Fernbeziehungen können von solch

einem Date profitieren, obwohl beide Partner sich nicht persönlich sehen können: Schreiben Sie sich zum Beispiel jeden Abend eine kurze Nachricht und erzählen Sie von dem schönsten und dem unschönsten Moment Ihres Tages. Lassen Sie Ihren Partner an Ihrem Leben und Ihrem emotionalen Innenleben teilhaben und erfahren Sie dadurch, wie Ihre Beziehung wächst und weiter aufblüht und Sie die Emotionen des anderen immer besser verstehen.

4. **Sprechen Sie Konflikte an und geben Sie sich Zeit:** Den Streit von gestern einfach herunterzuschlucken und mit dem Leben weiterzumachen, ist in der Regel nie eine gute Idee. Klären Sie Ihre Differenzen und versuchen Sie, die Sichtweise des anderen zu erkennen und im besten Falle sogar nachzuvollziehen. Geben Sie Ihrem Partner dabei jedoch die Zeit, die er benötigt, und verursachen Sie keinen Stress. Manchmal benötigen wir einfach einen Tag länger, um uns mit uns selbst auseinanderzusetzen oder nachvollziehen zu können, was der jeweilige Streit an Gefühlen ausgelöst hat. Wir müssen also zuerst selbst reflektieren, an welchem Punkt wir stehen und was solch ein Streit in uns auslöst. Druck zu machen, verursacht in solchen Fällen eher, dass eine Person sich abschottet, anstatt sich zu öffnen und über tiefe emotionale Themen zu sprechen.

5. **Handeln Sie aus Liebe:** Wieso sind Sie in einer Beziehung mit Ihrem Partner? Der Grund ist in so

gut wie allen Beziehungen: weil ich ihn liebe. In Streitgesprächen kann dieser Hauptgrund für das Bestehen der Beziehung jedoch schnell vergessen werden, was dazu führt, dass wir streiten, als wäre uns unser Gegenüber absolut unsympathisch. Erinnern Sie sich bewusst daran, dass Sie nicht grundlos in dieser Partnerschaft sind, und versuchen Sie, mit Liebe zu streiten. Mit großer Wahrscheinlichkeit werden Sie nicht jedes Mal daran denken, wenn Sie zum Beispiel sehr aufgebracht sind.
Besinnen Sie sich aber in ruhigen Momenten wieder auf Ihre Gefühle und die starke Emotion Liebe und bewerten Sie, ob der jeweilige Streit seine Begründung hat und helfen kann, die Beziehung wachsen zu lassen und zu stärken, oder eher an ihren Grundmauern rüttelt.

Eine Beziehung ist nicht immer ein Kinderspiel und kann harte Arbeit bedeuten, die sich letzten Endes jedoch stets lohnt. Arbeiten Sie also an Ihrer eigenen Selbstreflexion und der Selbstreflexion Ihres Partners. Wachsen Sie gemeinsam in Ihrer emotionalen Intelligenz und stärken Sie so Ihre Beziehung, Partnerschaft oder Ehe.

Exkurs: Wieso ticken Männer und Frauen so unterschiedlich?

Insbesondere auf emotionaler Ebene lassen sich enorme Unterschiede zwischen Männern und Frauen erkennen, wobei natürlich keine Seite schlechter oder besser zu bewerten ist als die andere. b laut Gesetz sie allerdingsoft sehr verschiedenWährend Frauen oftmals als über-emotional und wenig rational angesehen werden, scheinen Männer in vielen Fällen gar keine Verbindung zu ihren Emotionen zu haben oder diese zumindest nicht offenlegen zu wollen. Der folgende Exkurs versucht, Ihnen einige Unterschiede zwischen der Gefühlswelt von Männern und Frauen zu erklären und verständlich zu machen, wie die Kenntnis über diese Unterschiede Ihnen in Ihrer Partnerschaft helfen kann. Lernen Sie außerdem einiges über sich selbst, denn nicht immer ist uns bewusst, wieso wir so sind, wie wir sind.

Liebe vs. Respekt: Wenn Sie wählen müssten, würden Sie sich lieber Ihr Leben lang ungeliebt fühlen oder lieber Ihr Leben lang auf den Respekt Ihrer Mitmenschen verzichten? Während ein Großteil der Befragten weiblichen Geschlechts in Befragungen lieber auf den Respekt verzichten und sich dafür geliebt fühlen möchte, antworteten drei von vier Männern, dass Sie eher auf die Liebe als auf den Respekt verzichten würden.[19] Wie kann das sein? Während Liebe und Respekt zwei verschiedene Dinge für die meisten Frauen sind, sind diese Konzepte für viele Männer fast gleichbedeutend, insbesondere in Liebesbeziehungen. Wenn ein Mann sich von seiner Frau respektiert fühlt, fühlt er sich dementsprechend geliebt. Fehlt der Respekt, fehlt für viele Männer auch die Liebe, selbst wenn sie durch andere Dinge ausgedrückt wird. Gleichermaßen genügt es Frauen oftmals nicht, wenn ihr Partner ihnen Respekt entgegenbringt, aber keine Liebesgesten macht. Verinnerlichen Sie diesen Unterschied und versuchen Sie, die Bedürfnisse Ihres Partners zu erfüllen, selbst dann, wenn Sie persönlich nicht nachvollziehen können,

---

[19] Fieldhahn, Shaunti: *For Women only – revised and Updated Edition: What You Need to Know About the Inner Lifes of Men.* Multnomah Books, Colorado 2004. S. 17.

dass Respekt für Ihren Partner wichtiger ist als Liebe oder andersherum.

Streitende Männer vs. streitende Frauen: Eine Sache, die viele Beziehungen, insbesondere in Streitsituationen, beeinträchtigt, ist die Tatsache, dass Frauen oftmals direkt streiten wollen, während Männer kurz eine Auszeit benötigen. Das bedeutet, dass ein Großteil der Frauen alle Pros und Contras sowie alle Argumente innerhalb kürzester Zeit bereit und auf der Zunge liegen haben und den Streit gleichermaßen schnell klären und beenden möchten. Viele Männer hingegen benötigen einfach mehr Zeit für einen Streit. So kann es vorkommen, dass der Mann sich zu Beginn eines Streits zurückzieht, nicht antwortet oder sogar in einen anderen Raum geht. Der Grund dafür ist nicht, dass ihm der Streit oder seine Partnerin nicht wichtig ist, sondern, dass ihm in dem Moment einfach die Worte fehlen oder er sich zunächst Gedanken über das jeweilige Problem machen möchte, bevor er zu einem Ergebnis kommt.[20] Denken Sie in Streitsituationen also an die unterschiedliche Verarbeitung von Emotionen. Natürlich lässt sich nicht pauschal behaupten, dass ein jeder Mann in einem Streit auf diese Weise handelt und Frauen immer direkt den Streit klären möchten, jedoch benötigt ein Großteil der Männer mehr Zeit, um über das Gesagte nachzudenken und eine gute Antwort zu finden als ein Großteil der Frauen. Wenn Ihr Mann in einem Streit also einfach den Raum verlässt, bedeutet das nicht automatisch, dass Sie und der Streit ihm nicht wichtig sind. Gleichermaßen möchte Ihre Frau Sie nicht

---

[20] Fieldhahn, Shaunti: *For Women only – revised and Updated Edition: What You Need to Know About the Inner Lifes of Men.* Multnomah Books, Colorado 2004. S. 75.

mit allen möglichen Argumenten erschlagen und Sie nicht zu Wort kommen lassen. als die andere

Waffeln vs. Spaghetti: Diesen Vergleich haben Sie bestimmt schon einmal gehört: Männer sind wie Waffeln und Frauen wie Spaghetti. Er stammt ursprünglich aus der Feder von Bill und Pam Farrel, die ein Buch über ebendiese Tatsache schrieben.[21] Die Autoren behaupten, dass die Gedankenwelten von Männern und Frauen grundverschieden sind: Die Gedanken und damit verbundenen Emotionen von Männern seien geradlinig und geordnet, wie die kleinen Kästchen von Waffeln. Bei Frauen hingegen sehe es anders aus: Ihre Gedanken und Emotionen seien stets miteinander verbunden. Wenn also an einer Spaghetti gezogen werde, bewege sich gleichzeitig eine ganz andere. Die Autorin Shaunti Feldhahn fand einen weiteren Vergleich für diese Tatsache, der das Verstehen der emotionalen Unterschiede zwischen Männern und Frauen einfacher macht: Stellen Sie sich unser Gehirn wie einen Desktop vor. Bei Männern ist alles geordnet und aufgeräumt.

Es ist immer nur ein Fenster geöffnet und alle anderen schlummern brav im Hintergrund vor sich hin, bis auf sie zugegriffen wird. Der Desktop, also das Gehirn von Frauen hingegen hat alle Fenster gleichzeitig offen. Zwischendurch öffnet sich noch ein Pop-up-Fenster und bringt sie wieder auf einen ganz anderen Gedanken.[22] Fragen Sie Ihre Frau einfach

---

[21] Farrel, Bill und Pam Farrel: *Men are like Waffles – Women are Like Spaghetti.* Harvest House Publishers, Oregon, 2017.

[22] Fieldhahn, Shaunti: *For Men only – revised and Updated Edition: What You Need to Know About the Inner Lifes of Women.* Multnomah Books, Colorado 2013. S. 25.

mal spontan: „Schatz, was geht gerade in Deinem Kopf vor?" In den wenigsten Fällen werden Sie lediglich eine Antwort bekommen, denn es ist selten, dass nur ein Gedanke im Kopf einer Frau vorherrscht. Dies ist erneut überhaupt nicht als schlechter oder besser zu bewerten. Es verdeutlicht nur aufs Neue, wie grundverschieden Männer und Frauen in dieser Hinsicht sind. Die Tatsache, dass Frauen so viele Gedanken gleichzeitig im Kopf haben, ermöglicht es ihnen übrigens so gut, Multitasking zu betreiben. Männer hingegen haben eher die Fähigkeit, Dinge auszublenden und sich auf die Sachen zu konzentrieren, die gerade anstehen. Das unwichtige Fenster wird also einfach geschlossen. Denken Sie im täglichen Umgang mit Ihrem Partner an diese Vergleiche und bringen Sie Verständnis auf, wenn Ihr Mann etwas vergessen hat, weil er sich voll und ganz auf eine Sache konzentriert hat, oder wenn Ihre Frau in Gesprächen von Thema A zu Thema B zu Thema Y springt. Dies ist nicht unbedingt etwas, was Männer und Frauen willentlich tun, es kann Ihnen aber enorm helfen, über diesen Umstand Bescheid zu wissen und ihn im Hinterkopf zu behalten.

Verschiedene Liebessprachen: Die Liebe ist mitunter eine der stärksten und bedeutendsten Emotionen, die wir in unserem Leben fühlen. Auch wenn ein jeder Mensch Liebe auf gewisse Art und Weise gleich erlebt und fühlt, gibt es dennoch Unterschiede in Bezug auf diese starke Emotion: Wir alle fühlen uns durch verschiedene Gesten geliebt. Der eine fühlt sich geliebt, wenn er kleine Aufmerksamkeiten geschenkt bekommt, während der andere sich eher geliebt fühlt, wenn ausreichend Zeit mit ihm verbracht wird. Jeder hat seine ganz eigene Liebessprache, unabhängig davon, welchem Geschlecht er angehört. Grob sortiert, lassen sich die vielen verschiedenen Liebessprachen in fünf Kategorien einsortieren:

1. Lob und Anerkennung
2. Zweisamkeit
3. Geschenke
4. Hilfsbereitschaft
5. Zärtlichkeit[23]

In der Regel sprechen wir eine bis zwei der fünf Sprachen der Liebe und fühlen uns durch ebendiese Sprache von unserem Partner geliebt. Wer zum Beispiel „Lob und Anerkennung" als Liebessprache hat, der fühlt sich geliebt, wenn der Partner anerkennt, wie lecker die selbst zubereitete Mahlzeit ist, und diese lobt, oder wenn der Freund lobt, dass man im letzten Monat alles auf der Arbeit gegeben hat. Gleichermaßen verteilt diese Person selbst liebe Worte und Lob, um so ihren Partner und ihre Mitmenschen mit Liebe zu versorgen. Menschen, die „Zweisamkeit" als Liebessprache haben, fühlen sich am meisten geliebt, wenn sie mit ihrem Partner Zeit bei einem Date zu zweit verbringen können. Dabei muss dieses gar nicht ausgefallen sein: Ein gemeinsamer Abend auf der Couch mit der ungeteilten Aufmerksamkeit des Gegenübers kann ebenso Liebe vermitteln wie ein gemeinsamer Ausflug oder ein gutes Gespräch auf einer langen Autofahrt. Die Liebessprache „Geschenke" wird am häufigsten missverstanden. Menschen, die sich durch das Empfangen von Geschenken geliebt fühlen, sind nicht auf einen materiellen Wert aus. Stattdessen geht es ihnen darum, dass der andere sich Gedanken macht und ihnen kleine Aufmerksamkeiten bereitet: Das kann eine Tafel Schokolade vom Einkaufen sein oder ein kleines Blümchen, welches auf dem Heimweg gepflückt wurde. Gleichermaßen verteilen Menschen mit der Liebessprache „Geschenke" kleine

---

23 Chapman, Gary: *Die fünf Sprachen der Liebe: Wie Kommunikation in der Ehe gelingt.* Francke, 2003.

Aufmerksamkeiten an Ihren Partner und Ihr Umfeld und drücken so ihre Liebe aus. Menschen, die die Liebessprache „Hilfsbereitschaft“ bevorzugen, drücken ihre Liebe durch Hilfe in jeglicher Form aus. Sie tragen Kisten beim Umzug, helfen bei der Prüfungsvorbereitung oder machen den Abwasch. Ebenso fühlen Menschen mit dieser Liebessprache sich geliebt, wenn ihnen geholfen wird. Hilfsbereitschaft bedeutet in diesem Fall auch, dass ein gewisser Grad an Aufmerksamkeit vorhanden ist, sodass einem die Dinge überhaupt auffallen, bei denen geholfen werden kann. Zu guter Letzt gibt es noch die Liebessprache „Zärtlichkeit“: Menschen, denen diese Liebessprache wichtig ist, ziehen die meiste Liebe aus körperlichen Liebesbekundungen. Dies muss nicht ausschließlich Sex bedeuten, sondern kann sich durch das Halten der Hand, das Massieren des Rückens oder durch Kuscheln ausdrücken. Machen Sie sich bewusst, dass es verschiedene Liebessprachen gibt und dass wir in diesem Fall nicht immer die gleiche Sprache sprechen. Diese Tatsache kann das emotionale Leben in einer Partnerschaft oder Ehe enorm beeinflussen, denn schnell fühlen wir uns ungeliebt, nur weil unser Gegenüber nicht die gleiche Liebessprache spricht wie wir. Vielleicht stellt die Frau sich zum Beispiel häufiger die Frage, wieso ihr Mann ihr nie Blumen mitbringt, obwohl sie ihm so oft kleine Aufmerksamkeiten mitbringt, und der Mann ist frustriert, weil er so gerne mehr Zeit mit ihr verbringen möchte, sie jedoch ständig unterwegs ist. Sie sehen also: Die Liebessprachen sind nicht unbedingt kompatibel. Sie können aber kompatibel werden! Das Einzige, was Sie dafür tun müssen, ist, sich bewusst zu machen, dass es ebendiese verschiedenen Sprachen gibt und dass wir nicht alle die gleiche Sprache sprechen. Finden Sie heraus, welche Ihre Liebessprache ist und mit welcher Sprache Ihr Partner kommunizieren möchte. Dafür gibt es unter anderem online Tests, oder sprechen Sie offen und ehrlich miteinander darüber. Sobald Sie wissen, welche Liebessprache oder -sprachen Sie sprechen und wie es bei Ihrem Partner aussieht, wird es Ihnen in Zukunft leichter fallen, einander zu zeigen, dass Sie sich lieben. Lernen Sie die Emotion „Liebe“ zu schätzen und stärken Sie diese.

Praxistipps für die Kindererziehung

Unsere emotionale Intelligenz ist niemals zu einem bestimmten Zeitpunkt vollständig entwickelt, zum Beispiel sobald wir geboren werden oder das Alter von einem, drei oder fünf Jahren erreicht haben. Stattdessen wird unsere emotionale Intelligenz durch unser Umfeld kontinuierlich geformt. Umso bedeutsamer ist es also für Sie als Eltern, die emotionale Intelligenz Ihres Kindes oder Ihrer Kinder zu fördern. Nachfolgend finden Sie mehrere Praxistipps, mit denen Ihnen die Erziehung in Bezug auf die emotionale Intelligenz leichter fällt, als Sie sich vielleicht gerade noch ausmalen.

Reden Sie über Emotionen: Unsere Emotionen sind so selbstverständlich da, dass sie häufig zur Nebensache werden. In allen zwischenmenschlichen Beziehungen und insbesondere in der Kindererziehung ist es jedoch umso notwendiger, aufrichtig und ehrlich über Emotionen zu sprechen. Erklären Sie Ihrem Kind, wieso Sie gerade sauer sind oder warum Sie sich freuen. Ermutigen Sie Ihr Kind, ebenso über die eigenen Gefühle zu sprechen. Kleine Rückfragen wie „Und, wie hast Du Dich dabei gefühlt?“ oder „War das blöd für Dich, dass Deine Freundin das gemacht hat?“ regen das Nachdenken über die eigenen Emotionen in Ihrem Kind an und helfen ihm dabei zu verstehen, wieso es Emotionen fühlt und was diese bedeuten.

Lassen Sie Ihr Kind zwischenmenschliche Beziehungen führen: Ein Kind, welches zu behütet aufwächst und nur Kontakt zu den eigenen Eltern hat, wird mit großer Wahrscheinlichkeit eine niedrige emotionale Intelligenz entwickeln. Institutionen wie die KiTa oder Schulen ermöglichen es Kindern, Freundschaften zu schließen und Emotionen ebenfalls in einem anderen Rahmen kennenzulernen. Dabei wird Ihr Kind auch negative Erfahrungen machen und negative Emotionen wie Neid oder Eifersucht erleben. Sprechen Sie mit Ihrem Kind über solche Emotionen, sodass es versteht, dass jeder Mensch auch negative Emotionen fühlt und dies grundsätzlich nicht schlecht ist.

Binden Sie Ihr Kind in gemeinsame Unternehmungen ein: Es ist förderlich, wenn Ihr Kind den Umgang zwischen Ihnen und Ihrem Partner sieht und beobachten kann, wie erwachsene Menschen Ihre Emotionen äußern und kommunizieren. Wenn Ihr Kind also normalerweise morgens nur mit seiner Mutter unterwegs ist und der Nachmittag allein dem Vater gehört, kann es hilfreich sein, Aktivitäten zu dritt (oder mit weiteren Geschwistern) zu planen. Sie sind die größten Vorbilder für Ihr Kind, nutzen Sie diese Rolle und bieten Sie Ihrem Nachwuchs viele verschiedene Situationen und somit Emotionen an.

Gehen Sie auf die Emotionen Ihres Kindes ein: Sprechen Sie Dinge an, die Ihr Kind gut macht, und loben Sie es. Gleichermaßen ist es essenziell, auf negatives Verhalten, hervorgerufen durch negative Emotionen, aufmerksam zu machen und zu erklären, wieso eben jenes Verhalten nicht angemessen ist. Kindern ist dieser Unterschied oftmals nicht bewusst und es fällt ihnen noch schwer, Emotionen als positiv oder negativ zu bewerten. Helfen Sie Ihrem Kind dabei und unterstützen Sie es so in der Entwicklung seiner emotionalen Intelligenz.

Finden Sie die Mitte: Sich nicht mit dem eigenen Kind zu beschäftigen, ihm Liebe zu entziehen und keinen Körperkontakt zu halten, hat schwerwiegende negative Konsequenzen für das Kind. Jedoch ist es ebenso nachteilig, wenn Sie Ihr Kind zu stark behüten und es dadurch von Ihnen abhängig machen. Versuchen Sie also, die goldene Mitte zu finden und Ihr Kind so zu einer selbstständigen und liebenswürdigen Persönlichkeit zu erziehen.

Die emotionale Erziehung Ihres Kindes ist überaus wichtig für das spätere Leben Ihres Sprösslings. Es genügt heutzutage wie gesagt nicht mehr, lediglich intelligent zu sein und ein ausgereiftes Fachwissen zu besitzen. Wer nicht emotional intelligent ist, dem wird es schwerer fallen, Freundschaften zu schließen, sich zugehörig zu fühlen und auf lange Sicht erfolgreich zu sein. Gerade in den ersten Lebensjahren haben Kinder eine enorme Aufnahmefähigkeit und saugen neue Informationen auf, wie ein Schwamm Wasser einzieht. Konzentrieren Sie sich bei der Erziehung Ihres Kindes oder Ihrer Kinder also nicht allein auf das kognitive Lernen, sondern erziehen Sie Ihr Kind ebenfalls emotional. Dadurch wird sich nicht nur das Verhältnis zwischen Ihnen und Ihrem Kind verbessern, sondern Sie bieten Ihrem Kind auch eine gute Grundlage für seine Zukunft und alle Hürden, die auf Ihren Nachwuchs zukommen werden.

Praxistipps für Führungskräfte

Eine hohe emotionale Intelligenz kann Ihnen nicht nur im Alltag behilflich sein, sondern Ihnen auch im Beruf zu größerem Erfolg verhelfen. Insbesondere Führungskräfte und Menschen, die zukünftig in die Rolle einer Führungsperson schlüpfen möchten, können mit einigen Tipps für ein besseres Arbeitsklima und zufriedenere Mitarbeiter sorgen:

Seien Sie ein Vorbild: Jede Führungsperson hat eine Vorbildfunktion für all ihre Mitarbeiter, so viel ist klar. Als Führungsperson haben Sie ebenso eine emotionale Vorbildrolle zu erfüllen. Je nachdem, wie erfolgreich Sie diese Vorbildrolle im emotionalen Sinne erfüllen, hat dies Auswirkungen auf Ihre Mitarbeiter und das Arbeitsklima. Achten Sie darauf, nicht in die Rolle des „bösen Chefs" zu rutschen , und seien Sie authentisch.

Selbst als Vorgesetzter sind Sie immer noch ein Mensch und dürfen auch als dieser handeln und agieren. Nehmen Sie im Arbeitsalltag nicht alles zu ernst und achten Sie darauf, alle Mitarbeiter gleich zu behandeln. Vermeiden Sie es, einzelne Mitarbeiter vor den Augen der anderen zurechtzuweisen oder gar zu beschimpfen. Versuchen Sie, eine lösungsorientierte und fröhliche Grundstimmung beizubehalten, und gehen Sie positiv mit aufkommenden Problemen um. Erinnern Sie sich daran, dass Ihre Mitarbeiter nicht schuld an schlechten Emotionen sind, die Sie zum Beispiel von zu Hause mitbringen. Befinden Sie sich gerade in einer stressigen Situation und sind sich nicht sicher, ob Sie Ihre Gefühle im Zaum halten können, dann versuchen Sie nach Möglichkeit, Ihren Mitarbeitern fernzubleiben, bis sich Ihre Gemütslage beruhigt hat. Verstecken Sie allerdings Ihre negativen Gefühle nicht. Ein Satz wie „Entschuldigen Sie, dass ich heute nicht vor Ort war. Aufgrund der stressigen Situation momentan war ich mir nicht sicher, Herr meiner Emotionen zu sein, und wollte Sie vor meiner schlechten Laune schützen." weckt deutlich mehr Sympathie und Empathie als eine ständige Anwesenheit gepaart mit gelegentlichen Wutausbrüchen.

Gleichen Sie Negatives mit Empathie aus: Mitarbeiter, die unzufrieden sind und meckern? Das mag eigentlich niemand. Nutzen Sie jedoch die Möglichkeit und gehen Sie den Problemen und Nörgeleien Ihrer Mitarbeiter mit Empathie entgegen. Versuchen Sie, die Ursache für das Problem zu entdecken, und zeigen Sie dem anderen, dass Sie seine kleinen und großen Probleme durchaus ernst nehmen. Vermeiden Sie es jedoch, negativen Aussagen zuzustimmen, obwohl Sie dies im Normalfall nicht tun würden. Anstatt aus sozialem Druck Ihre Zustimmung zu geben, sollten Sie das negative Thema stattdessen auf positive Themenbereiche wie die besonders guten Absatzzahlen oder andere Erfolge lenken.

Handeln > Zuhören: Während der Akt des empathischen Zuhörens Ihnen sicherlich einige Sympathiepunkte bei Ihren Mitarbeitern einbringt und Sie so sehr schnell für ein besseres Arbeitsklima sorgen können, ist es dennoch nicht ausreichend, lediglich zuzuhören. Sie können so viel Empathie zeigen, wie Sie möchten, solange die Anliegen und Probleme Ihrer Mitarbeiter nicht gelöst werden, kann Misstrauen entstehen. Erneut spielt die Authentizität eine große Rolle, denn wer nur so tut, als würde er sich für seine Mitarbeiter interessieren und im Anschluss alles Gesagte wieder vergisst, der wirkt nicht authentisch und stellt somit keine gute Führung dar. Stehen Sie also zu Ihrem Wort und bearbeiten Sie die Anliegen und Probleme Ihrer Mitarbeiter mit Ernsthaftigkeit. Falls ein

Problem sich nicht lösen lässt, heißt das nicht, dass Sie als Führungskraft versagt haben. Sie haben das Anliegen dennoch ernst genommen und alles Mögliche getan, um das Problem zu lösen. Dies werden auch Ihre Mitarbeiter erkennen und an Ihnen schätzen.

Gelangen Sie mit EQ zu einer höheren Arbeitsleistung: Eine hohe emotionale Intelligenz Ihrerseits kann sich auf die Produktivität und Zufriedenheit Ihres ganzen Teams auswirken. Lernen Sie also Ihre Mitarbeiter kennen und steuern Sie deren Arbeitsleistung und Zufriedenheit mithilfe Ihrer emotionalen Intelligenz. Dies kann auf sehr einfache Art und Weise geschehen: durch Lob und Anerkennung. Solch eine Positivität gepaart mit einer guten Kommunikation bewirkt Sicherheit in Ihrem Unternehmen und unter Ihren Mitarbeitern. Je besser Sie Ihre einzelnen Mitarbeiter kennenlernen, desto leichter wird es Ihnen fallen, positive Kommentare und Lob auszusprechen. Achten Sie hierbei allerdings darauf, nicht ständig zu loben und sich die anerkennenden Worte für Situationen aufzuheben, die wirklich nach einem Lob verlangen.

Lösen Sie Probleme konstruktiv: Zwischenmenschliche oder berufliche Konflikte können das Arbeitsklima enorm beeinflussen. Emotionen wie Hass, Angst, Wut oder auch Scham und Stress können durch solche Konflikte hervorgerufen werden, weswegen es wichtig für Sie ist, diese Konflikte konstruktiv zu behandeln und zu lösen. Eine flüchtige Übergangslösung ist hierbei keine Option, denn je länger solche Probleme bestehen, desto mehr schaden sie dem Arbeitsklima und desto schwerer lassen Ihre Mitarbeiter negative Emotionen wieder los. Achten Sie des Weiteren darauf, Probleme so rasch wie möglich anzugehen und nichts auf morgen zu verschieben. Selbst wenn Sie nicht persönlich von dem jeweiligen Sachverhalt betroffen sind, kann dieser für Ihre Mitarbeiter eine enorme Last darstellen und nicht nur die Produktivität, sondern auch die Laune Ihres gesamten Teams mindern.

Ihre soziale und emotionale Kompetenz und die Ihres Teams sind ausschlaggebend für ein gutes Arbeitsklima. Achten Sie deswegen darauf, die zwischenmenschlichen Beziehungen und die emotionalen Kompetenzen innerhalb Ihres Teams zu fördern und zu entwickeln. Viele kleine positive Handlungen Ihrerseits sorgen für Vertrauen und Verständnis bei Ihren Mitarbeitern. Gleichzeitig entwickeln sich in Ihrem Team Sicherheit, Produktivität und Wohlbefinden, dadurch dass Sie stets auch auf die kleinen Dinge achten und mit Authentizität vorangehen.

BEGINNEN SIE EIN LEBEN VOLLER EMOTIONALER INTELLIGENZ

Wenn Sie an diesem Punkt im Buch angekommen sind, dann haben Sie es geschafft und besitzen nun ein fundiertes und umfangreiches Wissen über das Konzept der emotionalen Intelligenz. Damit haben Sie den Grundstein gelegt und erkannt, dass ein jeder Mensch eine gewisse emotionale Intelligenz besitzt, die unterschiedlich stark oder schwach ausfallen kann. Sie haben außerdem nützliche Werkzeuge erhalten, mit denen Sie Ihr Leben stressfreier und hochwertiger gestalten können, denn mit der Zeit wird es Ihnen immer leichter fallen, negative Emotionen bewusst aufzulösen und durch positive Emotionen zu ersetzen. Sie haben gelernt, Ihre eigenen Emotionen zu verstehen und zu deuten und dies ebenso mit den Emotionen Ihrer Mitmenschen zu tun. Je mehr Sie Ihre emotionale Intelligenz nutzen und ausfeilen, desto leichter wird es Ihnen fallen, Bekanntschaften zu schließen und bestehende Freundschaften und Beziehungen zu vertiefen und zu stärken. Eine hohe emotionale Intelligenz wird Ihnen darüber hinaus in der Arbeitswelt helfen: Meistern Sie stressige Situationen leichter und entwickeln Sie mit den vielen Tipps und Tricks aus diesem Buch eine hochwertige und nachhaltige Beziehung zu Ihren Kollegen und Vorgesetzten. Sogar innerhalb der Familie hilft Ihnen eine hohe emotionale Intelligenz und das Wissen darüber, unter anderem bei der Koordination des Familienalltags, der Stressbewältigung und der Erziehung Ihrer Kinder zu emotional-intelligenten Menschen.

Lassen Sie sich nicht mehr von anderen Menschen ausnutzen oder einschüchtern und geben Sie der Werbung und etwaigen Manipulatoren keine Chance mehr, Sie auf emotionaler Ebene zu einem Kauf zu überreden oder Sie von etwas zu überzeugen, wovon Sie nicht überzeugt sind.

Obgleich wir Emotionen in vielen Fällen mit Negativem in Verbindung bringen, wie zum Beispiel der Trauer oder der Wut, wird unser Leben letzten Endes von unseren Emotionen bereichert. Was wäre unser Leben ohne die Freude, Liebe oder Lust? Machen Sie sich stets bewusst, dass es ein Privileg ist, Emotionen zu fühlen, auch wenn diese uns von Zeit zu Zeit zu überwältigen drohen und wir unsere Gefühle manchmal lieber wegsperren würden. Lernen Sie mit der Zeit, immer besser mit Ihren Emotionen umzugehen und Ihre eigene emotionale Intelligenz zu fördern und weiterzuentwickeln, um so ein hochwertiges und erfolgreiches Leben voller Freude, Liebe und Hoffnung zu leben.

Impressum

Deutschsprachige Erstausgabe August 2021

Mike Taubald
Eisenberger Straße 90
07629 Hermsdorf

Buchsatz
Danileoart | www.danileoart.de